# MARCO ⊕ POLO

# LISSABON

*Fünf Symbole sollen Ihnen
die Orientierung in diesem Führer erleichtern:*

*für Marco Polo Tips – die besten in jeder Kategorie*

*für alle Objekte, bei denen Sie auch eine schöne Aussicht haben*

*für Plätze, wo Sie bestimmt viele Einheimische treffen*

*für Treffpunkte für junge Leute*

**(A 1)**
*Koordinaten für die Übersichtskarte
(**O**) außerhalb des Kartenbereichs*

*Diesen Führer schrieb Manfred Barthel,
Reiseschriftsteller und Mitarbeiter deutscher Zeitungen.
Seit Jahren lebt er einige Monate im Jahr in Portugal.
Die Marco Polo Reihe wird herausgegeben
von Ferdinand Ranft.*

MAIRS GEOGRAPHISCHER VERLAG

# MARCO ⊕ POLO

*Für Ihre nächste Reise gibt es folgende Titel dieser Reihe:*

Ägypten • Alaska • Algarve • Allgäu • Amrum/Föhr • Amsterdam • Andalusien • Antarktis • Argentinien/Buenos Aires • Athen • Australien • Bahamas • Bali/Lombok • Baltikum • Bangkok • Barbados • Barcelona • Bayerischer Wald • Berlin • Berner Oberland • Bodensee • Bornholm • Brasilien/Rio • Bretagne • Brüssel • Budapest • Bulgarien • Burgenland • Burgund • Capri • Chalkidiki • Chiemgau/Berchtesgaden • China • Costa Brava • Costa del Sol/Granada • Costa Rica • Côte d'Azur • Dänemark • Disneyland Paris • Dolomiten • Dominik. Republik • Dresden • Dubai/Emirate/Oman • Düsseldorf • Eifel • Elba • Elsaß • England • Erzgebirge/Vogtland • Feuerland/Patagonien • Finnland • Flandern • Florenz • Florida • Frankreich • Frankfurt • Frz. Atlantikküste • Fuerteventura • Galicien/Nordwest-Spanien • Gardasee • Golf von Neapel • Gran Canaria • Griechenland • Griech. Inseln/Ägäis • Hamburg • Harz • Hawaii • Heidelberg • Holland • Hongkong • Ibiza/Formentera • Indien • Ionische Inseln • Irland • Ischia • Island • Israel • Istanbul • Istrien • Italien • Italien Nord • Italien Süd • Ital. Adria • Ital. Riviera • Jamaica • Japan • Java/Sumatra • Jemen • Jerusalem • Jordanien • Kalifornien • Kanada • Kanada Ost • Kanada West • Kanalinseln • Karibik I • Karibik II • Kärnten • Kenia • Köln • Königsberg/Ostpreußen Nord • Kopenhagen • Korsika • Kreta • Krim/Schwarzmeerküste • Kuba • Lanzarote • La Palma • Leipzig • Libanon • Lissabon • Lofoten • Loire-Tal • London • Luxemburg • Macau • Madagaskar • Madeira • Madrid • Mailand/Lombardei • Malaysia • Malediven • Mallorca • Malta • Mark Brandenburg • Marokko • Masurische Seen • Mauritius • Mecklenburger Seenplatte • Menorca • Mexiko • Mosel • Moskau • München • Namibia • Nepal • Neuseeland • New York • Nordseeküste: Schlesw.-Holst. • Normandie • Norwegen • Oberbayern • Oberital. Seen • Oberschwaben • Österreich • Ostfries. Inseln • Ostseeküste: Mecklbg.-Vorp. • Ostseeküste: Schlesw.-Holst. • Paris • Peking • Peloponnes • Pfalz • Philippinen • Polen • Portugal • Potsdam • Prag • Provence • Rhodos • Riesengebirge • Rom • Rügen • Rumänien • Rußland • Salzburg/Salzkammergut • San Francisco • Sardinien • Schottland • Schwarzwald • Schweden • Schweiz • Seychellen • Singapur • Sizilien • Slowakei • Spanien • Spreewald/Lausitz • Sri Lanka • Steiermark • St. Petersburg • Südafrika • Südamerika • Südengland • Südkorea • Südsee • Südtirol • Sylt • Syrien • Taiwan • Teneriffa • Tessin • Thailand • Thüringen • Tirol • Tokio • Toskana • Tschechien • Tunesien • Türkei • Türk. Mittelmeerküste • Umbrien • Ungarn • USA • USA: Neu-england • USA Ost • USA Südstaaten • USA Südwest • USA West • Usedom • Venedig • Venezuela • Vietnam • Wales • Die Wartburg/Eisenach und Umgebung • Weimar • Wien • Zürich • Zypern • Die besten Weine in Deutschland • Die 30 tollsten Ziele in Europa • Die tollsten Hotels in Deutschland • Die tollsten Restaurants in Deutschland

*Die Marco Polo Redaktion freut sich, wenn Sie ihr schreiben:*
*Marco Polo Redaktion, Mairs Geographischer Verlag*
*Postfach 31 51, D-73751 Ostfildern*

*Unsere Autoren haben nach bestem Wissen recherchiert. Trotzdem schleichen sich manchmal Fehler ein, für die der Verlag keine Haftung übernehmen kann.*

*Titelbild: Torre de Belém (Schuster/Tovy)*
*Fotos: Baumli (4, 25, 36, 63); Benk (16, 72, 84); ICEP (64); Lade: Krecichwost (13);*
*Mauritius: Thonig (Umschlagklappe vorn), Torino (76); Richter (14); Schapowalow:*
*Messerschmidt (42); Schuster: Genson (49), Kummels (19), Prisma (29), Roth (8), Stampfl (81);*
*Sperber (56); Strobel (11); Transglobe Agency: van Riel (44)*

*4., aktualisierte Auflage 1997 © Mairs Geographischer Verlag, Ostfildern*
*Gestaltung: Thienhaus/Wippermann (Büro Hamburg)*
*Kartographie: Mairs Geographischer Verlag*
*Sprachführer: in Zusammenarbeit mit Ernst Klett Verlag für Wissen und Bildung GmbH,*
*Redaktion PONS Wörterbücher*

*Printed in Germany*
*Gedruckt auf 100% chlorfreiem Papier*

# INHALT

# Entdecken Sie Lissabon!

*Fast hinter jeder Fassade steckt eine Legende. Lissabons Charme bietet sich nicht an — er will entdeckt werden*

Alles, was im Laufe der Jahrhunderte über Lissabon geschrieben wurde, stimmt. Aber alles immer nur *mais ou menos —* mehr oder weniger. Eine Lieblingsformel der Portugiesen, vielleicht ein Schlüssel zum Charakter und zur Lebensart dieses Volkes. Alles ist immer nur *mehr oder weniger* schön, schlimm, gut oder böse. Nur wenn es um *Lisboa* (Lissabon) geht, gibt es für die Portugiesen kein Ausweichen mehr in das unverbindliche *mehr oder weniger. Quem não viu Lisboa, não viu coisa boa* (Wer Lissabon nicht gesehen hat, der hat nie etwas Schönes gesehen), behauptet eines ihrer vielen Sprichwörter.

Das ist natürlich übertrieben wie die meisten sprichwörtlichen Weisheiten. Lissabon hat Charme, aber es ist der müde Charme einer gealterten Diva, die ihre Falten nicht verdeckt und sich zu ihrem Alter bekennt.

*Einem Schiffsbug gleich ist das Denkmal der Entdeckungen in Belém über das Tejo-Ufer gebaut, an der Bugspitze: Heinrich der Seefahrer*

Diese Stadt verleugnet weder ihre Armut noch jene Zeit, als sie die reichste Metropole Europas war, deren vergangener Glanz sich immer noch erahnen läßt. Lissabon wirkt heute wie eine verstoßene Tochter aus vornehmer Familie. Was auch immer Lissabon nachgesagt wird — zuviel Gutes oder zuviel Schlechtes —, eines bleibt unwidersprochen: Diese Stadt ist unverwechselbar. Einmalig unter Europas Großstädten.

Während anderenorts Nostalgie künstlich am Leben erhalten oder neu geschaffen wird, ist sie in Lissabon authentisch.

Es ist nicht nur das Licht, das dieser Stadt ihren Zauber verleiht, es ist ebenso die Mischung aus Gerüchen, Geräuschen und Gewirr in den Gassen.

Über Jahrhunderte war Portugals Blick auf das Meer gerichtet, von dort kam der Reichtum oder drohten die Gefahren. Gibt es eine andere Sprache, in der es für Warten und Hoffen nur eine Vokabel gibt wie *esperar* im Portugiesischen? Warten und Hoffen — hinter diesen zwei Worten verbirgt sich die portugiesische Ein-

# Spaziergänge durch Lissabon

## Historisch

Mit der *Eléctrico* 28 (Straßenbahn) durch die *Alfama*. Ein paar Schritte (Kopfsteinpflaster!) zum *Castelo de São Jorge*. Von dort hat man den besten und schönsten Orientierungsblick über Lissabon und den *Tejo*. Zum Ausruhen nicht ins teure *Casa do Leão*, sondern auf eine der Bänke im Park zwischen Ruinen, Kindern, Flamingos und Störchen. Und vergessen Sie bitte nicht: Um 21 Uhr wird das Eingangstor geschlossen (Winter 19 Uhr).

## Am Puls der Stadt

Nachmittags gegen 5 Uhr in einem Straßencafé am *Rossio* sitzen, eine *bica* (Espresso) trinken oder einen Portwein und die Passanten beobachten, dem rauhen Singsang der Losverkäufer zuhören und den selbstbewußten, modisch gekleideten Sekretärinnen nachschauen, aber auch schwarzgekleideten Bäuerinnen; sich nicht ärgern, wenn Bauzäune immer mal wieder den Blick verstellen.

## Mit dem Fahrstuhl zum Luxus

Mit dem *Elevador de Sta. Justa* von der *Rua do Ouro* zum *Convento do Carmo*. Am besten am Nachmittag. Oben erst einmal den Blick genießen, dann durch die *Rua Garrett* schlendern, *eye shopping* machen vor oder in Geschäften, die sich in Aufmachung und Auslagen britischer geben als jene in London. Danach an der *Praça Luís Camões* im Café *A Brasileira* bei einer *bagaceira* (Tresterschnaps) den Kontrast zwischen der aufkommenden Ruhe und den abendlichen Gesprächen genießen, während der Sonnenuntergang über alles einen Hauch des Unwiederbringlichen breitet.

## Zu Fuß nach Bethlehem

Bethlehem heißt auf portugiesisch *Belém* und ist nur sechs Kilometer von der *Praça do Comércio* entfernt. Wer gut zu Fuß ist, kann den Weg laufen. Zu sehen ist allerdings nicht viel. Z. B. der Fischmark Cais do Sodré, den man riecht, bevor man ihn sieht. Wichtiger Stopp ist die *Pastelaria de Belém*, die Konditorei mit dem 120 Jahre alten Originalrezept der Sahnetörtchen *Pastéis de Belém*. In Belém besucht man das Hieronymuskloster im manuelinischen Stil und das Kutschenmuseum, flaniert durch die Parkanlagen der *Praça do Império*, begnügt sich von dort mit einem Blick auf das Entdeckerdenkmal, steigt aber auf die Aussichtsterrasse der *Torre de Belém* und freut sich, daß der Weg zur Vorortbahnstation *Pedrouços* nicht weit ist — von dort ist man in 15 Minuten wieder im Zentrum. Bequemer fährt man mit dem Bus oder der Eléctrico bis Belém, muß allerdings auf die Sahnetörtchen verzichten.

stellung zum Leben. Auch heute wartet und hofft man. Nicht mehr auf die Rückkehr der *caravelas* in einen der besten Naturhäfen der Welt, sondern zum ersten Mal in seiner Geschichte schaut Lissabon nach Europa und beteiligt sich aktiv an dessen Zusammenwachsen.

Das Wort von Portugals Nationaldichter Luís Vaz de Camões (ca. 1524–1580): »Hier wo die Erde endet und das Meer uns erwartet« erhält seine Bedeutung in der langen Geschichte Portugals erstmals im umgekehrten Sinn. Nicht zu den weiten Horizonten der Meere schaut man am Tejo, sondern in die entgegengesetzte Richtung, nach Mitteleuropa, dem Portugal jahrhundertelang den Rücken zugekehrt hatte. Zum ersten Mal beteiligt sich die Regierung in Lissabon aktiv an der Gestaltung der Europäischen Union.

»Hier wo die Erde endet« steigt Lissabon wie das Halbrund eines griechischen Theaters von den Ufern der breiten Tejo-Mündung gut hundert Meter hoch auf, in sich selbst wieder durch Täler und Hügel gegliedert.

Wer jedoch von Lissabon nur als Stadt am Tejo spricht, unterschlägt jene andere Hälfte, die ebenfalls ihr Gesicht geprägt hat: ihr agrarisches Hinterland, das heute noch der Stadt unverkennbar bäuerliche Akzente verleiht. Tag für Tag kommen Bauern und Bäuerinnen in die Metropole und bieten vom Federvieh bis zu eingelegten Oliven eigene Erzeugnisse an.

Und in Madragoa, dem Stadtviertel der Fischerfrauen, hängt genau wie in der Alfama, der Altstadt, die Wäsche noch immer auf der Leine über den schmalen Gassen.

In 15 Kilometer langen Windungen schlängelt sich der Tejo —Tajo sagen die Spanier—um die Stadt. Sein Wasser ist fast so salzig wie der Atlantik, in den er mündet, und seine Ufer kennen bereits die Auswirkungen von Ebbe und Flut.

»Lissabon«, hat Erich Maria Remarque in seinem Emigrantenroman »Die Nacht von Lissabon« geschrieben, »hat am Tage etwas naiv Theatralisches, das bezaubert und gefangennimmt, aber nachts ist es das Märchen einer Stadt, die in Terrassen mit allen Lichtern zum Meere herabsteigt wie eine festlich geschmückte Frau, die sich niederbeugt zu ihrem dunklen Geliebten.« Vielleicht ist dieses Bild nicht nur poetisch gemeint. In Lissabon gibt es prozentual mehr Farbige als in irgendeiner anderen europäischen Hauptstadt. Zu keiner Zeit ihrer Geschichte waren für Portugiesen andere Rassen oder Hautfarben ein Problem im Zusammenleben. Weder in Übersee noch im Mutterland. Was Remarque als »naiv theatralisch« beschreibt, kann man vor jedem Straßencafé betrachten. Lissabon ist die Bühne talentierter Müßiggänger. Roms *dolce far niente* ist Streß pur gegen den Pulsschlag dieser Stadt und ihrer Menschen, die zwar die Hektik kennen, sich von ihr aber nicht aus der Ruhe bringen lassen. Ein Lisboeta hat immer Zeit, seine Eile ist nur vorgetäuscht. Eine lebensgefährliche Ausnahme gibt es allerdings. Sitzt ein Portugiese am Steuer eines Autos, wird er zum temposüchtigen Berserker! Deshalb: Lassen Sie Ihren Wa-

*Fliesenkunst in Portugal: Azulejofassade in der Alfama*

gen daheim! Diese Stadt gehört (noch!) ihren Einwohnern. Sie bestimmen den Tagesablauf und nicht die Touristenpulks.

Die Vergangenheit gehört zum Alltag, ist kein Besichtigungsobjekt. Wer nach Lissabon mit einer Liste von Sehenswürdigkeiten kommt, die er besichtigen, fotografieren und abhaken möchte, kann die Stadt bequem an einem Tag bewältigen. Nur das, was Lissabon ausmacht, davon hat er nichts gespürt. Dieses Besondere hat Reinhold Schneider gemeint, als er in einem seiner Berichte über Portugal schrieb: »Lissabon gehört zu den Großstädten, die am schwersten zu verstehen sind.« Der Charme dieser Stadt steckt im Detail. Um

ihn zu entdecken, muß man verwinkelte Seitengassen gehen. Jawohl, gehen! Auf keinen Fall fahren, höchstens mit der klapprigen Straßenbahn Nr. 28. Bei dieser Eroberung Lissabons benötigt man nur feste, bequeme Schuhe und Muße.

Nicht nur die monumentalen Prachtbauten sind die Höhepunkte dieser Stadt, sondern das, was sich an Geschichten, Legenden und Anekdoten hinter jedem Bauwerk, hinter jeder Fassade verbirgt. Wo sonst gibt es einen Friedhof des Vergnügens *(Cemitério dos Prazeres)*? Er heißt so, weil sich auf dem Gelände einst der Königliche Lustgarten befand. Wo sonst gibt es ein Bauwerk, bei dem sich die älteren, romanischen Stilelemente über den jüngeren, gotischen befinden? In Lissabon entstand diese baugeschichtliche Kuriosität, weil nach dem Erdbeben von 1755 die Architekten beim Wiederaufbau des Klosterhofes der Kathedrale aus dem 12. Jahrhundert die Baustile versehentlich verwechselten.

Auch wer nicht zum Himmel, sondern auf den Boden schaut, findet Interessantes: Die *calçadas de mosaicos*, jene schwarzweißen Mosaiken auf Gehsteigen und Plätzen mit ihren seit Generationen überlieferten Motiven, sind eine städtebauliche Besonderheit. Das schönste dieser Mosaiken kann man auf der *Praça do Império* in *Belém* sehen. Ein Motiv taucht bei diesen Mosaiken immer wieder auf: eine Karavelle, an deren Bug und Heck je ein Vogel hockt. Die zwei Vögel sind Raben, und sie bilden zusammen mit dem Schiff das Wappen von Lissabon. Natürlich gibt es auch dazu eine Legende. Lissabons Schutzpatron ist der heilige Vincent. 1173 wurde er von den Mauren im Algarve getötet, zwei Raben sollen seinen Leichnam von dort nach Lissabon gebracht haben. Und das – davon war dieses Volk der Seefahrer überzeugt – war nur auf dem Seeweg möglich. Ein unbemanntes Schiff soll mit dem toten Heiligen an der Tejo-Mündung gelandet sein. Wenn Sie durch die *Rua Augusta* schlendern, schauen Sie einmal zu den Straßenlampen hoch – auch deren eiserne Halterungen zeigen das Stadtwappen-Schiff.

Dem portugiesischen Sinn für das Kuriose begegnet man auf Schritt und Tritt. Im Großen wie im Kleinen. So legen Staatsmänner bei einem Besuch ihre Kränze nicht am Denkmal des Unbekannten Soldaten nieder, sondern beim Sarkophag von Vasco da Gama, dem Mann, der den Seeweg nach Indien fand, und jenem des Dichters Luís Vaz de Camões – wahrscheinlich nicht ahnend, daß beide Sarkophage leer sind. Man weiß bis heute nicht genau, wo die beiden Männer tatsächlich beerdigt worden sind. Auch am Rande gibt es nicht weniger Ungewöhnliches. In einer Nebengasse am Rossio befindet sich ein winziger Laden, in dem es nichts anderes zu kaufen gibt als Bindfäden. Davon aber alle Sorten und Größen.

Nichts ist aufgesetzt, für Touristen herausgeputzt, alles gehört zum Lissabonner Alltag. Die Losverkäufer und -verkäuferinnen mit ihren rauhen Stimmen, die *engraxadores*, die Schuhputzer, streng in einer Gilde organi-

---

### Die Marco Polo Bitte

Marco Polo war der erste Weltreisende. Er reiste in friedlicher Absicht, verband Ost und West. Er wollte die Welt entdecken, fremde Kulturen kennenlernen, nicht zerstören. Könnte er für uns Reisende des 20. Jahrhunderts nicht Vorbild sein? Aufgeschlossen und friedlich sollte unsere Haltung auf Reisen sein. Dazu gehören auch Respekt vor Mensch und Tier und die Bewahrung der Umwelt.

siert. Sie putzen nach Einheitspreis, egal in welchem Bezirk Sie Ihre Pflastertreter auf Hochglanz bringen lassen. Oder die Kastanienverkäufer, die — allen Plastikbergen zum Trotz — ihre gerösteten Kastanien in Tüten anbieten, die sie aus den Seiten des Telefonbuches vom vergangenen Jahr drehen. Und dann die jungen Lisboetas! Sie kleiden sich sehr modisch, sind selbstbewußt und behalten doch eine ganz eigene Anmut — eben unverwechselbare Portugiesinnen.

Kein Wunder, bei ihrer Abstammung aus einem Völkergemisch, zu dem sogar Odysseus gehört haben soll. Sicher ist, daß die Phönizier am Tagus landeten, so um 1200 v. Chr. war das. *Allis Ubbo* nannten sie den Platz — ruhiger Hafen. Daraus wurde im Laufe der Jahrhunderte Lissabon. Doch zuerst einmal kamen die Römer, etwa 100 v. Chr., die den Ort *Olisipo* vorfanden. Cäsar zu Ehren, der hier Statthalter war, tauften sie ihn in *Felicitas Julia* um. Das gefiel den Westgoten nicht, sie nannten den Hafen *Olissibo-*na. Die Wikinger überfielen die Festung vom Meer aus, raubten und vergnügten sich, bis sie von den Mauren vertrieben wurden, die zuerst Portugal und schließlich auch Lissabon eroberten, das damals allerdings noch nicht Hauptstadt war. Auch sie gaben dem Platz einen eigenen Namen: *Ulixbona*. Sie müssen sich hier wohl gefühlt haben, jedenfalls haben sie die Stadtburg, das Castelo São Jorge, erbittert verteidigt. Daß es schließlich eingenommen werden konnte, ist das Verdienst eines einfachen Soldaten. Sein Name fehlt in keinem portugiesischen Geschichtsbuch: Martim Moniz. Er hat sich in die Lücke zwischen den beiden Torflügeln geklemmt und dadurch den Truppen Afonsos I. ermöglicht, in die Festung einzudringen. Natürlich hat man einen Platz nach ihm benannt, und oben am Castelo erinnert eine Bronzetafel an den tapferen Mann. Sogar das Datum dieses Opfertodes ist festgehalten: 25. Oktober 1147. Von diesem Tag an trug Lissabon seinen jetzigen

*Weithin sichtbar auf einer Anhöhe: São Vicente de Fora in der Alfama*

Namen, aber es dauerte dann noch über ein Jahrhundert, bis Afonso III. 1255 Lissabon zur Hauptstadt erhob. An ihn erinnert keine Bronzetafel, aber ein portugiesischer Aperitif ist nach ihm benannt. Zwei Jahrhunderte später war die Stadt eine der reichsten Metropolen Europas. Nicht Militärs, sondern Seefahrer, die vom Tejo aus zu unbekannten Ufern aufbrachen, haben ihr zu diesem Reichtum verholfen. Vasco da Gama (1497) fand den Seeweg nach Indien, und Pedro Alvares Cabral (1500) hißte in Brasilien die portugiesische Flagge. Zu leicht vergißt man, daß Portugiesisch die erste europäische Sprache war, die den Bewohnern in vielen Teilen Afrikas, Asiens und Ozeaniens zu Ohren kam.

Das Zeitalter der Entdeckungen war das Goldene Jahrhundert Lissabons. König Manuel I. (1495–1521) ritt durch die Stadt, voran sechs Elefanten, gefolgt von zahmen Panthern – die ersten in Europa! Alles, was gut und teuer war – Lissabon hatte es. Lissabon! Nicht Portugal! Das Land blieb arm. Noch jetzt ist im Vorort *Belém* ein Abglanz dieser Weltmachtherrlichkeit zu sehen. Im *Mosteiro dos Jerónimos* (Hieronymuskloster) wurde sie in Stein modelliert. Dieses Kloster mit seiner Kirche ließ König Manuel I. mit den Geldern aus der Gewürzsteuer errichten, die er auf alles erhob, was durch Vasco da Gamas Indienreise ins Land kam. Ihm zum Lobe hat man diesen Baustil manuelinisch getauft. Außerhalb Portugals fand er kaum Nachfolger. So blieb diese ornamentenumrankte Architektur, die von nautischen Emblemen, maurischem Zierat und indischen Elementen überwuchert wird, eine Lissabonner Spezialität, deren überall spürbarer Vorsatz es ist, jedwede Symmetrie zu vermeiden. Da gibt es nicht einen einzigen Pfeiler, der dem anderen gleicht.

Lissabons Glanz überstrahlte die übrigen europäischen Städte nur kurze Zeit. Ab 1580 geschah am Tejo nur das, was Madrid befahl. Erst 1640 vertrieb ein Aufstand die Spanier aus Lissabon. Dieser Tag, der 1. Dezember 1640, wird noch heute als Unabhängigkeitstag gefeiert. 1755 machte Lissabon wieder Schlagzeilen. Traurige. Ein Erdbeben zerstörte die Stadt fast total. Daß sie rasch und nach modernen städtebaulichen Erfahrungen wieder aufgebaut wurde, war das Verdienst eines Mannes: des Marquês de Pombal. Unter diesem energischen Ministerpräsidenten hatte der schwächliche König keinen Einfluß auf die Politik. Dank dem Marquês machte Portugal einen entscheidenden Schritt in Richtung Europa. Er stutzte die Macht des Adels, förderte das Handwerk und wagte es als erster europäischer Politiker, den allmächtigen Jesuitenorden zu verbieten. In die neu errichtete, schachbrettartig angelegte *Baixa* (Unterstadt) zogen statt Aristokraten die neuen Herren Lissabons — Geschäftsleute und Handwerker.

So ein Mann fehlte, als 1988 ein Großbrand 18 der alten Gebäude im Chiado zerstörte. Erst ab 1993 konnte mit EU-Mitteln an einem durchdachten Wiederaufbau gearbeitet werden. Doch 1996 beherrschen noch immer Bagger und Kräne das Bild des Viertels.

Im 19. Jahrhundert schrumpfte das politische und wirtschaftliche Ansehen Portugals bis zur Bedeutungslosigkeit — Lissabon wurde provinziell. Manuel II., der letzte König, floh 1919 vor der Republikanischen Erhebung. Auch sie konnte den weiteren wirtschaftlichen Verfall nicht aufhalten. Zwischen 1910 und 1926 wechselte die Regierung 45mal, das sagt alles über den politischen Zustand.

Im Jahre 1928 übernahm schließlich Oliveira Salazar, ein Wirtschaftswissenschaftler, die Macht. Bis 1968 bestimmte dieser leise, aber zäheste aller europäischen Diktatoren die Geschicke des »Armenhauses von Europa« (Salazars Worte!). Er benutzte dafür das gesamte brutale Instrumentarium moderner Diktatoren. Wie in jeder Diktatur profitierte auch in Portugal die Hauptstadt vom Repräsentationsbedürfnis des Regimes. 1966 entstand die schon seit langem geplante Brücke über den *Tejo* nach amerikanischen Plänen. Heute ist die in *Ponte 25 de Abril* umgetaufte Brücke, mit der Christus-Statue an einem Ende, ein Wahrzeichen der Stadt, aber als Verkehrsentlastung reicht sie inzwischen nicht mehr aus. Zur Weltausstellung 1998 soll eine weitere fertiggestellt sein. Soll!

1974 kam Lissabon wieder in die Schlagzeilen. Mit der unblutigen Nelkenrevolution begann Portugals Weg aus der Isolation in die Integration mit den anderen europäischen Staaten im Rahmen der EU.

Inzwischen ist die Revolution der Nelken eine Sache von gestern, wie selbstverständlich hat das Land fast eine Million Staatsbürger aller Hautfarben aus Angola und Mosambik nicht nur aufgenommen, sondern auch integriert — dafür mußten andere dringende Problemlösungen warten.

Lissabons täglicher Verkehrsinfarkt, der permanente Verfall historischer Bausubstanz und die hoffnungslos veraltete Infrastruktur gehören dazu.

All das sind Dauerthemen in der Presse, die so heftig verfochten werden, daß ein Fremder glauben könnte, eine neue Revolution stünde bevor. Wer so denkt, kennt die Portugiesen nicht. Zweimal hatte das Volk in den letzten Jahrzehnten auf seine leise Art durchgesetzt, was es für richtig hielt. Beide Male ging es um ureigene portugiesische Spezialitäten: einmal um den *fado* und einmal um den *bacalhau*, den Stockfisch. Vier Jahrzehnte lang hat Salazar versucht, die *Fado*-Sänger verstummen zu lassen, weil er diesen Gesang für fatalistisch und negativ hielt. Vergeblich. Zwei Wochen lang hat im Jahre 1974 die junge Nelken-Revolutionsregierung versucht, die Einfuhr von Stockfisch aus Devisengründen zu stoppen. Vergeblich. Beide Male blieb, was das Volk wollte. In beiden Fällen

siegte die sanfte Macht eines stillen Volkes, mit dem man lachen, weinen und singen kann — das man aber wohl nie ganz begreifen wird. Am ehesten noch, wenn man nach einer *Fado*-Nacht einsam durch die Straßen schlendert, Katzen und Zeitungsjungen begegnet, vorbei an neuen Glas- und Chromfassaden und alten Gebäuden, von denen längst der Putz abgebröckelt ist, an zerfetzten Plakaten, die lang vergangene Sensationen anpreisen. Dann riecht man die Meeresluft, den Duft von scharfgebranntem Kaffee, von gegrilltem Fisch, Früchten und frischen Blüten. Solche Momente können die ersten Schritte zu einer Liebesbeziehung mit dieser Stadt sein, die zu stolz ist, sich anzubieten, und zu arm, um sich ganz zu verschließen. Dann sagt man zum Abschied nicht *adeus*, sondern *até à próxima, Lisboa* — bis zum nächsten Mal, Lissabon.

*Ein Aussichtspunkt mit Atmosphäre: Miradouro Santa Luzia*

# Was schauen wir an?

*Eine Seilbahnfahrt oder ein Abendpicknick an einem Aussichtspunkt — Kleinigkeiten lassen Lissabon zum großen Erlebnis werden*

**Z**um Glück ist Lissabon kein Freilichtmuseum mit Besichtigungszeiten. Es ist immer geöffnet und der Eintritt ist frei.

Nichts ist törichter, als diese Stadt der Gassen, Ecken, Treppen und Fußgängerzonen mit dem eigenen Auto erkunden zu wollen. Auch die U-Bahn ist nur als unterirdisches Transportmittel interessant (Vorsicht vor Taschendieben in der Rush-hour!), Omnibusse und Straßenbahnen sind da schon besser. Bei einer Fahrt mit der Linie 28 der *eléctrico*, der spaßigsten Straßenbahn der Welt, ist Händeschütteln mit Passanten nicht nur möglich, sondern auch erlaubt.

Ob man den ersten Eindruck von der Stadt in einem Touristenbus oder auf einer Tejo-Fähre sucht, muß jeder für sich entscheiden, beides ist perfekt organisiert, und jeder Hotelportier verkauft die gewünschten Karten. Wer gut zu Fuß ist, gehe

zuerst durch die *Alfama* hinauf zum *Castelo São Jorge.* Als Belohnung für die Pflastertreterei bekommt er den umfassendsten Panoramablick auf Lissabon.

Man kann das auch mit dem Taxi machen, doch das ist nur der halbe Spaß.

*Elevadores* sind Lissabons typische Transportmittel. Drei davon sind Seilbahnen, bei denen sich zwei Wagen gegenseitig die Steigung hochziehen. Sie stammen aus den Jahren 1884/92 und sind älter als die ohnehin alte Straßenbahn. Einer ist ein regelrechter Fahrstuhl. Wann immer dazu Gelegenheit ist, sollte man sich den Spaß gönnen. Die *elevadores* sind von 7 bis 23 Uhr in Betrieb. Eine Karte kostet 150 Esc.

### Elevador da Bica    (C 4–5)
Seit 1892 überwindet diese Seilbahn die Steigung von der *Rua da Boavista* zur *Calçada do Combro.* Im Wagen hängt eine Beschreibung, wie die Fahrgäste sich zu

*Sechs Jahrzehnte Bauzeit: Mosteiro dos Jerónimos in Belém bei der Praça do Império*

15

*Elevador de Santa Justa*

verteilen haben, damit sowohl für die Berg- wie die Talfahrt das Gleichgewicht gewahrt bleibt. *Metro: Rossio*

### Elevador da Glória        (C–D 3–4)
Er fährt von der *Avenida da Liberdade* (nahe dem Tourismusbüro) die *Calçada da Glória* empor zum *Miradouro São Pedro de Alcântara* (Aussichtspunkt). Dieser Elevador fährt bis nach Mitternacht. *Metro: Restauradores*

### Elevador da Lavra        (D 3)
Der älteste und klapprigste Aufzug. Seit 1884 rappelt er beim *Campo Mártires da Patria*. In der Nähe die deutsche Botschaft und das Goetheinstitut mit Lesesaal (viele Zeitschriften und Tageszeitungen). *Metro: Restauradores*

### Elevador de Santa Justa        (D 4)
∿ Dieser Aufzug ist ein richtiger Fahrstuhl und wird auch *Elevador do Carmo* genannt. Er fährt

von der *Rua do Ouro (Baixa*, nahe *Rossio)* die 32 Meter zum *Convento do Carmo* im vornehmen *Chiado*-Viertel hinauf. 1901 von zwei französischen Ingenieuren erbaut. Die Gußeisenkonstruktion wirkt verspielt, grazil und ein wenig verrostet. 20 Personen haben in der Holzkabine Platz. Von der oberen Station schöner Blick auf die *Baixa* (noch immer) mit den Ruinen vom Brand 1988. *Metro: Rossio*

## AUSSICHTSPUNKTE

Lissabon hat mehr Aussichtspunkte als andere große europäische Großstädte. Die Stadtverwaltung hat diese *miradouros* (»Goldener Blick«) angelegt. Grünanlagen, Bänke, Panoramakarten, gelegentlich auch Springbrunnen machen diese Aussichtsbalkone zu Ruheplätzen müder Touristen. Hier die zehn Wichtigsten in alphabetischer Reihenfolge:

### Castelo de São Jorge        (E 4)
★ ∿ *Der* Aussichtspunkt für einen ersten Überblick. Eine Panoramakarte an der Brüstung hilft bei der Orientierung. Allerdings fehlen auf ihr die Tejo-Brücke und die häßlichen Hochhäuser. Als die Karte entstand – 1963 –, gab es weder das eine noch das andere. An klaren Tagen kann man bis nach Belém sehen. *Eléctrico 28 bis Miradouro Sta Luzia, dann zu Fuß*

### Estátua do Cristo Rei        (O)
∿ Fahren Sie mit der Fähre ab *Praça do Comércio* zum anderen Tejo-Ufer (Landestelle *Cacilhas*) und von dort mit dem Bus zur *Estátua do Cristo Rei*.

Auf der linken Uferseite des Tejo am Ende der *Brücke des 25. April* erhebt sich die 28 m hohe *König-Christus-Statue*, deren künstlerischer Wert recht gering, deren stilistische Anlehnung an die Christusfigur von Rio jedoch groß ist. Sie steht auf einem 82 m hohen Betonsockel, in dem sich eine Kapelle befindet.

Zur Terrasse auf dem Sockel fährt ein Fahrstuhl. Von dort hat der Besucher einen sehr guten Rundblick auf *Alfama, Baixa* und *Belém*.

### Miradouro de Monsanto (O)

Schon von weitem weist der Fernsehturm den Weg. Gleich daneben ist dieser landschaftlich wenig reizvolle Aussichtspunkt, von dem man aber mit einem eingebauten Fernrohr einen schönen Blick bis zum Südufer des Tejo, der *Brücke des 25. April* und der *Cristo-Rei-Statue* hat. Außerdem gibt es hier ein Restaurant mit Panoramafenster. Die Stadt selbst ist nur vom Drehrestaurant auf dem Fernsehturm zu sehen. *Bus 29*

### Miradouro de Montes Claros (O)

So hübsch die Umgebung in dem Waldpark *Parque Florestal de Monsanto* oberhalb von *Belém* ist, so enttäuschend ist der Blick von dem 216 m hohen Aussichtspunkt. Man sieht auf Wohnsilos, hinter denen man die Hügel von Sintra nur ahnen kann. *Bus 11 oder 23*

### Miradouro Santa Catarina (O)

Dieser Aussichtspunkt bietet den besten Blick über die weitverzweigten Hafenanlagen. *Eléctrico 28, Bus 15*

## MARCO POLO TIPS FÜR BESICHTIGUNGEN

**1 Castelo São Jorge**
Blick über Stadt und Tejo (Seite 16, 20)

**2 Mosteiro dos Jerónimos in Belém**
Architektur aus Portugals Glanzzeit (Seite 26)

**3 Belém**
Einstiges Fischerdorf, das unter Manuel I. begehrter Wohnsitz wurde. Heute hat Portugals Staatspräsident hier seinen Sitz (Seite 31)

**4 Avenida da Liberdade**
Die längere, aber ärmere Schwester der Champs-Élysées in Paris (Seite 18)

**5 Rossio**
Das Herz Lissabons (Seite 28)

**6 Ponte 25 de Abril**
Mit Christus-Statue. Sie bietet nicht nur einen eindrucksvollen Anblick, man hat von dort auch einen wunderbaren Ausblick (Seite 21)

**7 Alfama**
Diesen Stadtteil sollten Sie am besten gegen Abend und mit der Eléctrico 28 erkunden (Seite 29)

**8 Igreja São Roque**
Glanzstück aller Kirchen Lissabons (Seite 24)

### Miradouro Santa Luzia (E 4)

Der Aussichtspunkt mit Pergola und — leider stark beschädigten — Azulejos ist auf den Resten des maurischen Festungsrings errichtet. Von ihm hat man den besten Blick auf die *Alfama*, auf die *Igreja de Santo Estêvão*, die weiße Kuppel der *Santa Engrácia* und auf das *Mar da Palha*, das Strohmeer, wie die Lissabonner ihren Tejo gern nennen. *Eléctrico 28, 28A, Bus 37*

### Miradouro
### São Pedro de Alcântara (C 4)

Vom *Bairro-Alto*-Viertel aus hat man einen abwechslungsreichen Blick über die *Baixa* mit dem *Rossio*. Im Hintergrund das *Castelo São Jorge* und die *Avenida da Liberdade*. Der Aussichtspunkt ist zwar in zwei Stockwerken angelegt, aber nur das obere ist geöffnet. Das Denkmal zeigt Eduardo Coelho, der 1863 die angesehene Tageszeitung »Diário de Notícias« gründete. Die Bronzefigur im Vordergrund stellt einen *ardina* (Zeitungsjungen) dar, der seine Ware damals lautstark in den Straßen von Lissabon anpreisen mußte. Für Fotofreunde: Am Abend ist die beleuchtete *Baixa* ein lohnendes Motiv. Hinter dem Miradouro eine Portwein-Probierstube. *Metro: Rossio, dann Elevador da Glória*

### Miradouro Senhora do Monte (F 3)

Im Ostteil der Stadt, auf einem Hügel nördlich der Klosteranlage von Graça, liegt die kleine Kapelle *Nossa Senhora do Monte*, die beim Erdbeben zerstört, jedoch sofort wieder aufgebaut wurde. Davor gibt es einen schattigen Aussichtsplatz mit Panoramakarte. Von ihm aus hat man das Schloß, das *Mouraria*-Viertel, in dem nach der Rückeroberung die Mauren angesiedelt wurden, und das *Castelo* im Blickfeld. *Eléctrico 28*

### Terraço do
### Parque Eduardo VII. (C 1)

Von der obersten Terrasse dieses Parks schaut man über die zentimetergenau beschnittene Grünanlage über die *Avenida da Liberdade* bis zur *Baixa*. An einem klaren Tag kann man sogar bis zum *Castelo de Palmela* blicken. *Eléctrico 24, Metro: Parque*

### Torel, Travessa do Torel (D 2–3)

Am *Campo dos Mártires da Pátria*. Von einem kleinen Park aus hat man einen schönen Blick auf *Rossio* und *Baixa*. *Metro: Restauradores, Elevador da Lavra*

## AVENUEN

### Avenida da Liberdade (C–D 2–3)

★ Die Prachtstraße übertrifft mit 90 m Breite und gut 1,5 km Länge die Champs-Élysées. 1879–88 wurde sie erbaut. In ihrem Namen ist die Freiheit *(Liberdade)* von spanischer Herrschaft verewigt, 1640 war das. Auch die *Praça dos Restauradores* (der Wiederherstellung) beziehen sich mit ihrem Namen auf dieses Ereignis. Von diesem Platz beginnt leicht ansteigend die Avenida da Liberdade, die bis zur *Praça Marquês de Pombal* führt. Es lohnt, über den breiten Grünstreifen mit Eichen, blaublühenden Jakaranda-Bäumchen, Teichen, Enten, Speiselokalen und Zeitungskiosken zu flanieren, während links und rechts die nie abreißende Kette der Autos rollt. *Metro: Avenida*

*Avenida da Liberdade: Lissabons Prachtstraße*

## Avenida da República (O)

Beton statt Stuck, statt verschnörkeltem Individualismus monotone Langeweile. Nur wenige alte Häuserblocks haben noch etwas vom Charme des alten Lissabon bewahrt, z.B. das Haus Nr. 15 mit dem sehenswerten Jugendstilcafé *Versailles. Metro: Campo Grande*

## Avenida de Roma (O)

Eine Straße der Gegensätze. In eher ärmlicher Umgebung bietet diese Avenida elegante Boutiquen für Kleider, Schuhe, Lederwaren. Dazu das Kino *Roma*, das von außen wie ein Bunker wirkt. *Metro: Roma*

### BAUDENKMÄLER UND MONUMENTE

## Aqueduto das Aguas Livres (A 1)

Der *Aquädukt der freien Wasser*, 1731–1748 errichtet, versorgte aus über 19 km Entfernung die Stadt unterirdisch mit Wasser.

Eine imponierende Ingenieursleistung des 18. Jhs. Mit 35 Bögen überquert es das Tal von Alcântara. Die Bögen sind ungleichmäßig, um sich dem Gelände anzupassen. Der höchste Bogen ist 29 m breit und 65 m hoch. (Das Bauwerk hat das Erdbeben von 1755 unbeschadet überstanden.) Heute ist die Anlage für die Wasserversorgung der Stadt unwichtig. Der Aquädukt endet in dem Reservoir *Mãe de Agua* (Mutter des Wassers), nahe dem Shopping-Center Amoreiras. Am besten ist der Aquädukt von der *Av. Duarte Pacheco* aus zu sehen. In 65 m Höhe gibt es einen Gehweg (ca. 1 km). Aber bitte vorher beim Tourismusbüro erfragen, ob er geöffnet ist: *Tel. 346 36 43, 342 52 31, 364 36 43 (9–20 Uhr)*

## Casa dos Bicos (E 5)

Das vierstöckige *Haus der Spitzen* in der *Rua dos Bacalhoeiros* am Beginn der Alfama wurde 1523

19

vom Sohn des ersten Vizekönigs von Indien, Brás de Albuquerque, errichtet, beim Erdbeben 1755 schwer beschädigt und erst 1982 nach alten Abbildungen restauriert. Seine Fassade mit ihrem Muster aus spitzen Steinquadern gab dem Haus den Namen. Im Erdgeschoß finden gelegentlich Gemäldeausstellungen statt. Wegen der Licht- und Schatteneffekte ist das Gebäude ein beliebtes Fotomotiv. *Bus 13, Eléctrico 3, 16, 23, 24 (Station Rua dos Bacalhoeiros), Metro: Rossio*

### Castelo de São Jorge (E 4)

★ ◁▷ Lissabons höchstgelegenes antikes Bauwerk. Die Römer hatten hier ein Kastell, möglicherweise hat Julius Caesar als Statthalter Lusitaniens hier regiert. Die Westgoten bauten es aus, ab 711 verwandelten die Mauren die Anlage in einen Alkazar mit 5 Toren und 11 Wehrtürmen und Mauern bis zu 8 m Stärke. 400 Jahre wehte hier die grüne Fahne des Propheten – dann wurde es Residenz der portugiesischen Könige. Manuel I., mit dem Beinamen *o venturoso* (der Glückliche), empfing hier Vasco da Gama nach seiner Rückkehr aus Indien.

Was heute zu sehen ist, wurde zwischen 1938 und 1944 nicht historisch treu restauriert, sondern auf Effekt. Kernstück der Restaurierung ist eine Burgmauer mit zehn wuchtigen Türmen, von denen aus man eine gute Übersicht auf die verschiedenen Stadtviertel hat. Die Kanonen sind lediglich Fotorequisiten.

Die Parkanlagen sind hübsch mit Teichen angelegt. Auch wer kein Interesse an Geschichte hat – der Panoramablick ist einmalig und kostenlos. Ab *23 Uhr* geschlossen, im Winter ab *21 Uhr. Mit der Eléctrico 28 zur Endstation, dann zu Fuß, Eintritt frei*

### Dr.-Sousa-Martins-Statue (D 3)

Ein Heiliger, den sich dankbare Patienten schufen. Das Denkmal des Mediziners ist fast immer mit Blumen geschmückt, weil man überzeugt ist, daß er auch nach seinem Tode noch heilen kann. Sehenswert die Läden in seiner Nachbarschaft, mit ungewöhnlichen medizinischen Hilfen und Prothesen. *Campo dos Mártires da Pátria, Metro: Avenida, dann Elevador da Lavra*

### Padrão dos Descobrimentos (O)

◁▷ Das klobige *Denkmal der Entdeckungen* in der Nähe des Yachthafens von Belém ist dem Bug einer Karavelle nachempfunden, mit dem es sich in den Tejo schiebt. Seitlich 9 m große Figuren, die Heinrich den Seefahrer und die wichtigsten portugiesischen Persönlichkeiten des Zeitalters der Entdeckungen verkörpern. 1960, zum 500. Todestag Heinrichs des Seefahrers, wurde es eingeweiht. Mit einem Fahrstuhl im Inneren kann man auf die obere, 52 m hohe ★ Plattform fahren. Von dort hat man nicht nur einen schönen Blick auf den Tejo, sondern nur von hier kann man auch das Marmormosaik einer Windrose mit Weltkarte sehen, das auf dem Vorplatz *Terreiro da Boa Esperança* (Platz der guten Hoffnung) eingelegt ist. Im Inneren wechselnde Ausstellungen zum Thema »Entdeckungen«. *Tgl. 9.30–19 Uhr, Praça do Império, Bus 29, 43, Eléctrico 15, 16 oder Vorortbahn ab Cais do Sodré bis Belém*

### Ponte 25 de Abril    (O)

★ Die Hängebrücke aus Stahl für den Autoverkehr in den Süden ist 3,2 km lang, ihr Mittelstück von 1013 m wird lediglich von zwei Pfeilern getragen, die 80 m tief um den Fels unter dem Fluß verankert sind. (Lediglich das freischwebende Mittelstück der Bosporusbrücke ist länger.) Die Fahrbahn führt in 100 m Höhe über den Tejo, so daß auch große Schiffe passieren können. Bei der Einweihung 1966 erhielt sie den Namen des damaligen portugiesischen Diktators Salazar. Damals bereits war eine zweite Ebene geplant. Sie fehlt bis heute, deshalb müssen Bahnreisende in oder aus Richtung Süden immer noch per Fähre über den Tejo. Die Benutzung für PKWs kostet 150 Esc (nur nach Lissabon). Für Fußgänger

gesperrt. Auf den Stadtautobahnen sind die Ausfahrten zur Brücke mit *portagem* bezeichnet, Mautstation. Vorsicht! Nicht die *Via Verde* befahren (Kennzeichen weißes V auf grünem Grund). Nur für Fahrer mit Spezialausweis. Strafe 5000 Esc. Eine zweite Brücke (Ponte Vasco da Gama) ist im Bau.

### Torre de Belém    (O)

☙ Dieser Wachturm, eines der Wahrzeichen Lissabons, heißt offiziell *Torre São Vicente*. Als er unter Manuel I. (1515–1520) im manuelinischen Stil errichtet wurde, stand er auf einer Insel mitten im Tejo. Der Fluß verlandete, und nun steht er am Ufer. Von seiner 35 m hohen Plattform hat man einen großartigen Blick über den Tejo. Eine Wendeltreppe führt über drei Etagen, eingerichtet mit Möbeln aus dem 17. Jahrhundert. Auf der Terrasse die Statue der *Madonna do Bom Sucesso*, die bereits die Schiffe der Entdecker grüßte.

Während die Innenräume wenig Interessantes zu bieten haben, lohnt es sich, an der Außenfront auf Details zu achten. So sind bei den Wachtürmen Löwen-, Delphin- und Widderköpfe zu erkennen, und unter dem landgerichteten westlichen Turm ist ein Rhinozeros abgebildet. Es ist die Darstellung des ersten Rhinozeros, das als Geschenk für Manuel I. aus Indien nach Europa kam. Es diente als Modell für Albrecht Dürers weltberühmten Holzschnitt. *Di–So 10–17 Uhr, Eintritt 400 Esc, Praça do Império, Vorortbahn ab Cais do Sodré bis Belém oder mit der Eléctrico 15, 16 oder 17 oder Bus 29, 43 bis Mosteiro dos Jerónimos*

## BRUNNEN

*Chafarizes* nennen die Portugiesen die Nutzbrunnen. Sie haben es schon früh verstanden, dieser Wasserversorgung auch ein künstlerisches Gesicht zu geben. Nicht weniger als 54 solcher *chafarizes* gibt es — fast alle bezogen einst ihr Wasser aus dem Aquädukt *Aguas Livres*

### Chafariz do Carmo (D 4)

Ein kleines, verspieltes Kunstwerk mit vier Delphinen als Wasserspeier, darüber eine Kuppel, die von vier Pfeilern getragen wird. 1796 erbaut. *Largo do Carmo, Metro: Rossio, dann Elevador Sta. Justa*

### Chafariz de Dentro (F 5)

Der *innere* Brunnen, weil er innerhalb der alten Stadtmauern lag. Bereits im 14. Jh. holten hier die Frauen aus der Alfama ihr Wasser. Der jetzige Brunnen liefert schon seit 1622 Wasser. *Largo do Chafariz de Dentro, Elétrico 3*

### Chafariz d'El Rei (E 5)

Der *Königsbrunnen* ist der älteste Brunnen der Stadt und existierte bereits Anfang des 13. Jhs. Seine heutige Gestalt erhielt er im 18. Jh. Er ist direkt in die Stadtmauer eingebaut. Aus diesem Brunnen haben nicht nur die Lissabonner ihr Wasser geholt, sondern auch die Seeleute der im Hafen ankernden Schiffe. *Largo do Terreiro do Trigo, Eléctrico 28*

### Chafariz da Junqueira (O)

Der Brunnen wurde 1821 erbaut und wirkt pompös. Sitzbänke und schöne Azulejos. *Rua da Junqueira 156, Bus 36, 56, Eléctrico 15, 17*

### Fonte Luminosa (O)

⚙ Ein reiner Zierbrunnen, den die Lissabonner besonders lieben, weil er Wasserspiele bietet, die nachts mit einer Lichtorgel beleuchtet werden. *Belém, Praça do Império, Bus 12, 27, 28, 29, 43, Eléctrico 15, 16, 17 oder Vorortbahn ab Cais do Sodré*

## FABRIKEN

### Fábrica Sant'Anna (C 5)

Seit 1742 gibt es diese Manufaktur, in der in Handarbeit von Künstlern und Facharbeitern ein typisch portugiesisches Produkt hergestellt wird: Azulejos, jene Kachelbilder, denen man immer wieder in Kirchen, Palästen und Restaurants begegnet. Wer sich einen Eindruck über die künstlerischen und handwerklichen Arbeiten verschaffen will, der lernt dies bei einem Besuch dieser Werkstatt. *Mi 9—12, 14—17 Uhr oder nach tel. Anmeldung unter 63 82 92.* Anschaulich werden Tonzubereitung und Brennöfen erklärt. *Rua do Alecrim 97, Bus 40 bis Instituto Higiénico*

### Fábrica de Cerâmica Viúva Lamego (E 3)

Eine weitere Azulejomanufaktur mit vielfältigem Angebot. Auch wer nur die Herstellung beobachten will, ist willkommen. Das Haus hat eine der schönsten Azulejofassaden des 19. Jhs. Vorsicht, die Gegend soll wegen ihrer leichten Mädchen verrufen sein. *Largo do Intendente 25, Metro: Intendente*

## KIRCHEN

96 Kirchen und 180 Kapellen stehen in Lissabon für Bitt- und

Dankgebete offen. Verständlich, daß wir Ihnen hier nur eine Auswahl der interessantesten bieten können.

## Basílica da Estrela (A 3)

Eine Kirche im strahlenden Weiß ihrer Kalksteinfassade. Eine harmonische Mischung aus Spätbarock und Klassizismus. Trotz vieler Architekten einheitlich im Stil, da alle aus der Schule von Mafra kamen. 1777 von Königin Maria I. aus Dankbarkeit für die Geburt eines Thronfolgers gestiftet. Heute ist die Kirche ein Wahrzeichen des westlichen Lissabon.

Das Innere schwelgt in Marmor, neben dem einschiffigen Kirchenschiff drei Kapellen. Die grazile Kuppel aus Stein (!) ist ein architektonisches Meisterstück. Sie ist begehbar und bietet einen lohnenden Rundblick. *7.30–13 u. 15–20 Uhr, Lapa, Largo da Estrela, Eléctrico 25, 26, 28, 29, 30 oder Bus 9, 20, 22*

## Convento da Madre de Deus (O)

Vom einstigen Kloster existiert nur noch ein kleines manuelinisches Nebenportal. Alles andere zerstörte das Erdbeben von 1755. Das restaurierte Kirchenschiff und die Sakristei bersten von barocken vergoldeten Holzschnitzereien, die König João V. anfertigen ließ. Er liebte nicht nur den Prunk, sondern – so heißt es – auch einige Nonnen. Sehenswert: Gemälde aus dem 16. Jh.

Hier ist das Azulejomuseum untergebracht, das einen guten Überblick über alle Arten dieser Kachelkunst bietet. *Di–So 10 bis 17 Uhr, Rua de Xabregas, Eléctrico 3, 16 oder 27 bis Rua Madre de Deus, Bus 13, 18, 42*

## Igreja do Carmo (D 4)

Von der gotischen Karmelitenkirche – der einzigen dieser Stilepoche in Lissabon – ragen seit dem Erdbeben nur noch die Gewölbegerippe in den Himmel. Hier ist das bescheidene archäologische Museum untergebracht.

Im Sommer finden hier Konzerte statt – wer das Glück hat, eine Karte zu ergattern, der sollte zugreifen. *Largo do Carmo, Metro Rossio, dann Elevador Sta. Justa*

## Igreja da Conceição Velha (E 5)

Die Empfängniskirche wurde 1755 nach dem Erdbeben auf der Ruine der Misericórdia-Kirche errichtet. Von dieser stammen das manuelinisch reich verzierte Portal und die Altarkapelle. Im Inneren der Kirche befindet sich das Bild der heiligen Jungfrau von Belém, vor dem Vasco da Gama vor seiner Reise gebetet haben soll. *Rua da Alfândega, Bus 13, Eléctrico 3 oder 16*

## Igreja e Convento da Graça (E–F 4)

Einst stand hier ein wohlhabendes Kloster Lissabons. Bis zu 1500 Gläubige fanden darin Platz. Heute ist hier eine Kaserne. Die Klosterkirche wurde nach der Zerstörung durch das Erdbeben wieder aufgebaut. Inzwischen müßte die Fassade dringend renoviert werden. Der Innenraum ist dunkel und düster. *Largo da Graça, Eléctrico 28, 28B, Bus 12, 17, 26, 30, 35*

## Igreja da Madalena (E 5)

Die Kirche stammt aus dem 12. Jh., ihre manuelinische Fassade aus dem 17. Jh. Das Portal ist aus ihrer Entstehungszeit erhalten. Sie ist einen Stopp beim Bummel durch die *Baixa* wert. *Largo da Madalena, Metro: Rossio*

## Igreja do Menino de Deus (E 4)

Auf der östlichen Seite des Castelo de São Jorge außerhalb der Burgmauer steht diese Kirche, die als eine der wenigen das große Erdbeben ohne Schaden überstanden hat. 1711 hat man mit dem Bau begonnen, aber er ist bis heute noch nicht beendet. So fehlen die Türme, und die Nischen für Skulpturen sind noch immer leer. Der gesamte Innenraum atmet italienische Eleganz. *Largo do Menino de Deus, Eléctrico 28, 28B, Bus 37*

## Igreja-Panteão de Santa Engrácia (F 4)

❖ Diese Kirche ist ein typisch portugiesisches Unikum. Seit dem 17. Jh. war sie im Bau, 1966 wurde sie fertiggestellt. Aber nicht als Kirche, sondern als nationaler Ruhmestempel für die großen Söhne Portugals. Nicht der Geist von Heiligen, sondern der von Seefahrern, Kriegern und Dichtern weht nun durch den gut proportionierten Bau, dessen Grundriß ein griechisches Kreuz bildet. Weil aber der Bau über Jahrhunderte nicht fertiggestellt wurde, nennt man in Portugal Unternehmungen, die kein Ende finden, *obras de Santa Engrácia*. Ein Fahrstuhl geht zur mächtigen Kuppel. Von dort bietet sich ein Panoramablick auf die Alfama und den Tejo. *Di–So 10–17 Uhr, Campo de Santa Clara, mit Eléctrico 10, 11 oder 28 bis São Vicente de Fora*

## Igreja São Roque (C–D 4)

★ Die 1566 erbaute Kirche des heiligen Rochus gilt zu Recht als Glanzstück aller Gotteshäuser Lissabons. Von außen unscheinbar – ihre Fassade wurde beim großen Erdbeben beschädigt –, im Inneren jedoch voller sehenswerter Details. So hat das Kirchenschiff eine für die damalige Zeit so ungewöhnliche Breite, daß die dafür benötigten Hölzer eigens aus Bayern eingeführt werden mußten. Beachtenswert auch die perspektivischen Deckenmalereien, wie sie dem Zeitgeschmack entsprachen, und der große Kerzenleuchter. Glanzstück ist die königliche Kapelle *São João Baptista* (Johannes der Täufer), die vierte auf der linken Seite. Ein Wunder an Lapislazuli, Gold, Silber, Elfenbein, Marmor und Alabaster. Angeblich die teuerste Kapelle der Welt, denn König João V. hat sie (und noch weitere!) 1742–1748 von 100 Kunsthandwerkern in Rom anfertigen, vom Papst segnen, wieder zerlegen, auf drei Schiffen nach Lissabon verschiffen und hier erneut aufbauen lassen.

Die Bilder dieser Kapelle sind aus Zigtausenden von Mosaiksteinen zusammengesetzt. Es ist ein Trinkgeld wert, damit die Kirchendiener die Beleuchtung einschalten *(8.30–17 Uhr)*. Im dieser Kirche angeschlossenen *Museu de Arte Sacra* ist ein Modell der Kapelle aus den Originalmaterialien zu besichtigen. *Eintritt: 700 Esc (10–12, 12.30–17), Largo Trindade Coelho, Bus 15, Eléctrico 20, 29, 30, Metro: Restauradores*

## Igreja São Vicente de Fora (F 4)

Als die Kirche 1629 geweiht wurde, lag sie außerhalb der Stadtmauern, daher ihr Name *de fora* (außerhalb). Ob in ihr wirklich die Gebeine des heiligen

Vincent begraben worden sind, ist umstritten. Die Kirche ist äußerlich von strenger Schlichtheit, zeigt innen jedoch protzigen Barock in weißem Marmor. Man spürt die Hand des italienischen Architekten Fillipo Terzi, dem hier alles eine Nummer zu groß geraten scheint. Feingeschnitztes Chorgestühl aus tropischen Hölzern und vor allem prachtvolle Kacheln mit Motiven aus dem Alltag und nach Fabeln von La Fontaine. *Largo de São Vicente, Eléctrico 10, 11, 28*

## Kathedrale Sé                    (E 5)

Die Kathedrale Sé (Abkürzung für *sedes episcopalis* = Bischofssitz) ist die älteste Kirche Lissabons. Sie wurde 1147 begonnen, durch Erdbeben mehrmals beschädigt und wiederholt romanisch restauriert. Sie wirkt von außen

*Lissabons Kathedrale wird auch Sé Patriarcal genannt*

wie eine Burg. Wuchtiges Haupttor, kleiner Vorplatz. Dreischiffiges, schmuckloses Inneres. Eine Kirche zum Beten. Zweistöckiger Kreuzgang. Kirchenschatz nur mit bischöflicher Genehmigung zu besichtigen. Sehenswert: In der linken Seitenkapelle barocke Krippe von Machado de Castro (der Betlehem nach Portugal verlegte). Für ein paar Escudos wird sie beleuchtet, das lohnt. Außerdem: das Becken, über dem der heilige Antonius getauft worden sein soll. Daß er in Lissabon geboren wurde, ist verbürgt. Der Sé gegenüber die kleine Antoniuskirche. Sie soll auf dem Geburtshaus des Lieblingsheiligen der Alfama errichtet worden sein. *Tgl. 10–13, 14–18 Uhr, Eléctrico 28, Bus 37*

### Mosteiro dos Jerónimos (O)

★ 1502 begann unter Manuel I. der Bau des Hieronymusklosters als Dank für die Entdeckung des Seeweges nach Indien durch Vasco da Gama 1498. 60 Jahre wurde an dieser architektonisch wie stilistisch einzigartigen Anlage gebaut. Sie besteht aus der Kirche *Santa Maria de Belém*, dem Kreuzgang, der von Sakristei, Kapitelsaal und Refektorium umgeben ist, dazu der 185 m lange ehemalige Klosterschlafsaal. Die Kirche beeindruckt sowohl durch ihre manuelinisch verschlungene Ornamentik vor allem beim 32 m hohen Südportal wie auch durch ihre Bauweise als dreischiffige Hallenkirche (Seitenschiffe gleich hoch wie Mittelschiff), deren Netzgewölbe nur von den Vierungspfeilern und sechs überschlanken, reich verzierten Säulen getragen wird. Der doppelstöckige Kreuzgang,

55 m lang, gilt mit seinen filigranen, wuchernden Verzierungen als einer der schönsten der Welt. In ihm stehen die (leeren) Sarkophage von Vasco da Gama und Portugals Nationaldichter Luís Vaz de Camões sowie seit 1985 der des 1935 verstorbenen Dichters Fernando Pessoa. Hier getraut zu werden ist der Traum jedes Lissabonner Brautpaares. *Di–So 10–17 Uhr, Eintritt 400 (Sommer 250) Esc, Eléctrico 15, 16, 17 bis Praça do Império. Am schnellsten: Vorortzug vom Bahnhof Cais do Sodré (alle 20 Minuten), Anzeigetafel beachten, ob der Zug auch in Belém hält.*

## PARKS UND GÄRTEN

### Jardim Botânico (C 3)

Dieser botanische Garten gilt als einer der schönsten Europas. Einer der vielfältigsten ist er bestimmt. Auf 34 000 Quadratmetern wachsen dort Pflanzen aus allen Regionen der Erde. Bäche mit Brücken lockern das Landschaftsbild auf. *Rua da Escola Politécnica, tgl. 10–18 (Sommer 20) Uhr, Eintritt 200 Esc, Eléctrico 24, 25, 30, Metro: Avenida*

### Jardim Botânico da Ajuda (O)

Botanischer Garten von *Ajuda*. Der älteste in Portugal (1768). Sehenswert: sehr alter Drachenbaum. Treibhäuser. *Calçada da Ajuda, 10–19 Uhr (Winter 18 Uhr), Mo geschl., Eintritt 150 Esc, Bus 14, 27, 28, 29, 32, 40, Eléctrico 18*

### Jardim Guerra Junqueiro (A 3)

Das ist sein offizieller Name, aber bekannt ist er als *Estréla-Park*, ein beliebter Stadtpark mit Ulmen und Platanen, in deren Schatten sich gut Siesta halten läßt. In seiner Mitte ein filigraner Jugendstilpavillon. An der Nordseite liegt der englische Friedhof. *Tgl. 7.30–13, 15–20 Uhr, Lapa, Largo da Estrêla, Eléctrico 25, 26, 28, 29, 30*

## Jardim Zoológico (O)

✳ 108 Jahre ist Lissabons Zoologischer Garten alt. Er hat schlechte Zeiten hinter sich, aber seit einigen Jahren ist das 18 Hektar große Gelände mit 2250 Tieren wieder sauber und modernen Zooansprüchen angepaßt. Interessant: ein weißes Rhinozeros, zwei Koalas. Für Kinder ist der Zoo ein Paradies mit Drahtseilbahn, Paddelbootverleih, Reitwegen und Delphin-Show. *Tgl. 10–18 Uhr,* Empfehlenswert: *eine Kombi-Karte für 1700 Esc, Estrada de Benfica 158–160, Metro: Sete Rios, Bus 15, 55*

## Parque Eduardo VII (B–C 1)

〰 Hinter der Rotunde mit der Statue des Marquês de Pombal liegt dieser 16 Hektar große Park mit seinen wie mit Zirkel und Zentimetermaß geschnittenen Sträuchern. Von seiner oberen Terrasse blickt man die gesamte Avenida da Liberdade bis zur Baixa hinunter. An einem klaren Tag sogar bis Palmela. Für Fotografen ein Muß. In der nordwestlichen Ecke des Parks befindet sich die Estufa Fria (kühles Gewächshaus), *tgl. 9–16.30 Uhr. Eine verborgene Sehenswürdigkeit.* Durch ein raffiniertes Matten- und Gittersystem herrscht in diesem naturbelassenen Treibhaus Windstille bei immer gleicher Temperatur. Bäume, Teiche, Wasserfälle, Schlingpflanzen, Fische aller Größen und Farben schaffen ein tropisches Paradies. Für jene Pflanzen, die noch mehr Wärme verlangen, ist ein kleines Gewächshaus angeschlossen. Zu diesem *Estufa Quente* (Heißes Haus) gehört eine spezielle Abteilung für Kakteen, die größte in Europa. Zusätzliches Plus: Diese Anlagen sind (fast) nie überlaufen. *Metro: Parque, Bus 1, 2, 11, 20, 31, 44, 83*

## Parque Florestal de Monsanto (O)

15 Quadratkilometer ist dieser Waldpark im Westen der Stadt groß. Er bietet alles mögliche: Fahrrad-, Wander-, Reitwege, Spielplätze, ein Stadion mit 60 000 Plätzen und – flanierende Prostituierte. Schade, daß er so wenig gepflegt wird. *Bus 16, 23 Richtung Estoril*

## Parque do Monteiro-Mor (O)

Auf 11 Hektar blühen und wachsen hinter dicken Mauern europäische und exotische Pflanzen. Eine Oase der Ruhe mit Brunnen und kleinen Seen, auf denen Schwäne und Enten schwimmen. Schattenspendende Bäume, Bänke und ein schönes Gartenrestaurant. Einst gehörte der Park zu einem Palast. Da im Vorort *Lumiar* gelegen, ziemliche Anfahrt, am besten mit Besuch des Trachten- oder des Theatermuseums verbinden oder mit Ausflug nach Mafra. *Largo Júlio Castilho, 10–17.30 Uhr (Mo geschl.) Eintritt 400 Esc, Bus 1, 7, 36*

## Parque da Palhavã (O)

Auch *Parque Gulbenkian* genannt. Botanischer Garten, über 7 Hektar groß, mit modernen Skulpturen und einer Freilichtbühne. Gelegentlich finden hier Kunst-Happenings statt. Gehört zur

Museumsanlage der Gulbenkian-Stiftung, entsprechend gut gepflegt. *Metro: Palhavã*

## Tapada das Necessidades (O)

Wildpark von *Necessidades.* Kaum bekannt, doch besuchenswert. 10 Hektar groß. Viele Pflanzenarten, zahlreiche historische Bauten, künstliche Seen usw. Erst seit 1990 für Besucher geöffnet. *Mai–Sept. 10–18.30 Uhr, Okt.–April 10–17 Uhr, So geschl., Largo das Necessidades, Bus 20, 22, 38, 40*

## PLÄTZE

## Praça do Comércio (D 5)

Dieser Platz heißt für die Lissabonner noch immer *Terreiro do Paço*, denn vor dem Erdbeben stand hier am Tejo der Königspalast. Von Anlage und Architektur einer der schönsten Plätze Europas, doch an Wochentagen ist wenig davon zu sehen – alles ist bis auf den letzten Zentimeter mit Autos vollgeparkt, und König José I. hoch zu Roß scheint zum Parkwächter degradiert. Seine heutige Form erhielt der Platz in drei Bauabschnitten. Als letztes kam 1873 der Triumphbogen mit vielen Statuen hinzu, durch den die Hauptstraße der Baixa, die *Rua Augusta* (jetzt Fußgängerzone), in den Platz mündet. *Metro: Rossio*

## Praça da Figueira (D 4)

Nur durch eine Häuserreihe getrennt, aber viel ruhiger als der quirlige Rossio ist dieser Platz, in dessen Mitte das Denkmal König Joãos I. steht. Er hat Portugal von den Kastiliern befreit, doch das ist lange her (1388) und kümmert weder die Passanten noch

die vielen Tauben, die gern auf Kopf und Schultern des Königs sitzen. Sie haben immer genug zu picken – dafür sorgen die Körnerverkäuferinnen, die schwarz gekleidet unter Sonnenschirmen sitzen. Es lohnt, um den Platz zu schlendern – schöne Ausblicke auf das Castelo São Jorge. *Metro: Rossio.*

## Praça do Império (O)

Schöne Mosaiksteine bilden den Bodenbelag auf diesem Platz in Belém. *Bus 27, 28, 32, 49*

## Praça Marquês de Pombal (C 1–2)

Den Platz am oberen Ende der *Avenida da Liberdade* nennt jeder *Rotunda*, auch die Metrostation heißt so. Er ist einer der Hauptverkehrsknotenpunkte dieser Hauptstadt. Die Anlage und das 9 m hohe Denkmal dieses bedeutenden Staatsmannes waren seit 1882 geplant, wurden aber erst 1934 fertiggestellt. Sehenswert: die schwarz-weißen Mosaiksteinarbeiten rund um den Platz. *Metro: Rotunda*

## Praça do Municipio (D 5)

In seiner Mitte steht eine elegant gewundene Doppelsäule – sie diente als Pranger und bildete gleichzeitig das Wappen für das Stadtrecht. Das neoklassizistische Gebäude ist die *Câmara Municipal*, die Stadtverwaltung. *Bus 32, Eléctrico 15, 17*

## Rossio (D 4)

★ ☼ Hier schlägt das Herz Lissabons. Laut Stadtplan heißt der Platz *Praça Dom Pedro IV*. Das Denkmal dieses Königs steht in der Mitte auf einer 27 m hohen Marmorsäule. Kaum einer beachtet ihn – dazu ist der Platz viel

*Praça do Comércio: Hinter dem Triumphbogen beginnt die Rua Augusta*

zu quirlig und voll mit Autos, Baustellen, Menschen und Tauben. Der Rossio ist das Bindeglied zwischen Baixa und Avenida da Liberdade. Einst fanden hier die Stierkämpfe statt, und auf der Nordseite, dort, wo heute das klassizistische Nationaltheater *Dona Maria II.* steht, erhob sich der Palast der Inquisition. Bis 1820 wurden auf dem Rossio noch Ketzer verbrannt. Ein paar Schritte nur vom Platz entfernt: die *Estacão do Rossio*, der Bahnhof mit seiner ungewöhnlichen neomanuelinischen Fassade (1886); von hier fahren die Züge nach Sintra ab. *Metro: Rossio*

**STADTVIERTEL**

**Alfama**                    (E–F 4–5)

★ Der älteste und ärmste Stadtteil um den Burgberg hat verwinkelte, enge Gassen, über denen sich volle Wäscheleinen spannen, Treppen, die vor einer Mauer enden, *tascas* (kleine Kneipen), in denen der Wein noch aus dem Faß gezapft wird. In der *Rua de São Pedro* wird vormittags einer der lebhaftesten Fischmärkte abgehalten. Zur Alfama gehören Tiere: An den bunten Fassaden hängen Vogelkäfige, Hühner hüpfen, mit Bindfaden gefesselt, über das Kopfsteinpflaster, Katzen warten auf die Reste der gegrillten Sardinen. Geographisch liegt die Alfama zwischen dem Tejo, dem Castelo, der Kathedrale Sé und der Kirche São Vicente de Fora. Verlaufen ist hier ein *Muß*. Heraus findet man immer – man braucht nur die steilen Gassen und Treppen abwärts zu gehen.

Wer im Juni nach Lissabon kommt, erlebt in der Nacht vom 13. zum 14. Juni mit Sardinen und Wein eines der letzten echten Volksfeste Europas. Dann feiert die Alfama ihren Schutzheiligen, der zwar Antonius von Padua heißt, weil er dort starb, geboren aber wurde er in der Alfama. Wehe, daran zweifelt jemand! Vor 800 Jahren. Anlaß, im Jahr 1996 tage- und nächtelang zu feiern. *Eléctrico 28*

## Bairro Alto                    (B–C 4)
Im oberen Stadtteil *(Bairro Alto)* hat das große Erdbeben kaum etwas zerstört. Alte Häuser mit vergitterten Balkonen, bewachsenen Dächern und baufällige Handwerkerhäuser, in denen Werkstatt und Wohnraum eins sind, zeugen davon. Ein Stadtteil mit zwei Gesichtern. Am Tage sind die Nachbarn – jeder kennt jeden – unter sich, abends belebt lautes Amüsierpublikum die Gegend.

Noch vor einigen Jahren wurde dieses Viertel von der Drogenszene und der Straßenprostitution bestimmt, doch jetzt beherrschen unternehmungslustige Touristen die Straßen. Heute ist es chic, hier zu wohnen, entsprechend viele Kneipen mit den entsprechenden Damen, dazu Touristenfadolokale und elegante Einkaufsstraßen wie die *Rua da Misericórdia* und Antiquitätengeschäfte um die *Praça Luis de Camões*, das Zentrum des *Bairro Alto*. Ob man zum Shopping oder zur Besichtigung der Ruine des *Convento do Carmo* in dieses Viertel kommt, durch folgende Straßen sollte man schlendern: *Rua do Diário de Notícias, Rua das Gáveas, Rua do Século* bis zum *Park Príncipe Real. Metro: Restauradores, dann Elevador da Glória*

## Baixa                          (D 4–5)
Die Unterstadt ist das übersichtlichste Viertel. Zwischen der *Praça do Comércio* am Tejo-Ufer und dem *Rossio* kreuzen sich rechtwinklig 15 schnurgerade Straßen und drei Plätze. Die erste europäische Stadt, die am Reißbrett entstand – die große Tat des Marquês de Pombal nach dem Erdbeben 1755. Jede Straße war für bestimmte Handels- und Gewerbebetriebe bestimmt, die Straßennamen erinnern noch daran: *Rua da Conceição* (Banken), *Rua do Ouro* (Goldschmiede), *Rua dos Sapateiros* (Schuhmacher) u. ä. Heute glänzen die stolzen Fassaden der Banken und Boutiquen in der *Rua Augusta* (Fußgängerzone). Einen Blick ist auch die Jugendstilfassade des winzigsten und ältesten Kinos der Stadt wert. Seit 1907 laufen im *Animatógrafo (Rua dos Sapateiros)* Filme, jetzt allerdings ausschließlich pornographischer Art. So geschäftig und voll (Vorsicht vor Taschendieben!) die Straßen tagsüber sind – nach Geschäftsschluß sieht man nur noch vereinzelte Passanten. Beim Aufbau der Baixa nach dem großen Erdbeben stieß man auf *römische Thermen*, die gelegentlich besichtigt werden kön-

nen. Der Einstieg ist in der *Rua da Prata,* zwischen der *Rua da Conceição* und der *Rua de São Julião.* Auskunft bei den Informationsbüros. *Metro: Rossio*

## Belém (O)

★ Belém (portugiesisches Wort für Betlehem) hat seinen Namen nach einer Kapelle erhalten, die Heinrich der Seefahrer für die Seeleute errichten ließ, die von hier aus zu ihren Entdeckungsfahrten in See stachen und nach Jahren mit ihren Schätzen wieder vor Anker gingen. Das einstige Fischerdorf wurde unter Manuel I. begehrter Wohnsitz für Adlige und Reiche. Belém wurde vom Erdbeben 1755 nicht berührt, so daß es die meisten erhaltenen historischen Bauten auf engem Raum bietet. Es gab sogar ernsthafte Überlegungen, das zerstörte Lissabon nicht wieder aufzubauen, sondern Belém zur neuen Hauptstadt auszubauen. Seit 1885 ist Belém eingemeindet. Auch wenn man nur den historischen Teil besichtigen möchte, braucht man einen Tag. Im Herzen des historischen Stadtviertels liegt der *Palácio de Belém* (1700). Seine Fassade in portugiesischem Altrosa hat ihm den Namen *Palácio Cor de Rosa* eingebracht. Seit 1910 ist er Sitz des Staatspräsidenten. Außer dem Palast mit seiner Reitschule (Kutschenmuseum) sind sehenswert: die imponierende Anlage des *Mosteiro dos Jerónimos* (1502), die *Torre de Belém* (1516), der *Palácio da Ajuda,* von dem auch nach 30jähriger Bauzeit (1802–1832) nur ein Drittel fertiggestellt wurde (heute Museum für dekorative Kunst), das Denkmal der Entdeckungen (1960). Auch für das

leibliche Wohl ist in Belém gesorgt. Fisch vom besten gibt es im *Caseiro* und auf den Terrassen des *O Rafael,* des *Espelho d'Agua* und auch des *Club Naval. Eléctrico 15, 16, 17, Bus 12, 27, 28, 29 oder Zug ab Cais do Sodré*

## Chiado (C–D 4–5)

Der Chiado ist im administrativen Sinn kein Stadtviertel. Eher eine Lebensform, die in der ehemaligen Boheme im Gebiet um den *Largo do Chiado,* die *Rua do Carmo* und die *Rua Garrett* zu Hause war. *Chiado* war der Spitzname von Antonio Ribeiro, einem Balladendichter à la Villon. Er war ein Zeitgenosse von Camões. In der *Rua Garrett* (ebenfalls nach einem Schriftsteller benannt) sind die elegantesten und teuersten Geschäfte. Alles, was ein wenig abgewohnt und verschlissen ist, paßt zum Stil des Chiado, bestes Beispiel das Café *A Brasileira,* einst Treffpunkt von Literaten und Politikern.

Der Großbrand von 1988 zerstörte einige der alten Läden in noch älteren Gebäuden. Über dem ausgebrannten Teil der *Rua do Carmo* wurde 1988 eine Fußgängerbrücke errichtet, die als Provisorium gedacht war, inzwischen aber zum festen Bestand des Chiado gehört, und von der aus nachts die Brandruinen angestrahlt werden. Nach den Plänen für den Wiederaufbau soll der Charakter des Viertels erhalten, aber durch mehr Wohnungen angereichert werden, damit auch nach Ladenschluß die Gegend belebt bleibt. Ein gutes Vorhaben, von dem bis 1995 nur wenig realisiert wurde. *Metro: Rossio, dann Elevador Sta. Justa*

## Mouraria (E 3–4)

Der Besuch des einstigen arabischen Gettos, in das die Mauren nach der Rückeroberung Lissabons eingeschlossen wurden, ist eher etwas für Entdeckernaturen. Ein Spaziergang durch die *Rua da Guia,* die *Rua do Capelão* oder über den *Largo da Achada* vorbei an abbruchreifen, zerfallenden Häusern und Hütten ist ein Ausflug in eine vergessene Welt. Das einzige Plus: Hier ist bei allem Elend ein Stück altes Portugal noch nicht einer modernen Infrastruktur zum Opfer gefallen. Diesen krassen Kontrast spürt man, wenn man vom *Largo Martim Moniz* mit seinen blitzblanken Einkaufstempeln ein paar Schritte in eine der verwinkelten Gassen geht, in denen der Fado entstanden sein soll und berühmte *fadistas* gelebt haben. Wer sich mit einem Blick aus der Entfernung auf die bunten Häuser und verwinkelten Treppengassen begnügt, der kann dies vom *Miradouro da Senhora do Monte* aus tun. *Metro: Socorro*

## ZIELE IN DER UMGEBUNG

Wer Lissabon richtig kennenlernen will, sollte einige Tagestouren einplanen. Mit oder ohne Übernachtung, je nach Laune und Geldbeutel. Zu allen Zielen gibt es organisierte Ausflugsfahrten mit dem Bus. Englisch-, zum Teil auch deutschsprachige Reiseleiter begleiten diese Touren. Auskunft erhalten Sie beim Hotelportier oder in den Touristeninformationen.

Natürlich kann man diese Fahrten auch allein mit dem Wagen oder mit öffentlichen Verkehrsmitteln unternehmen, bei Besichtigungen werden jedoch oft Gruppen gegenüber Einzelreisenden bevorzugt.

## Cascais

Wo Cascais endet und wo der Nachbarort Estoril beginnt, ist nicht mehr auszumachen. Die 90 000 Einwohner beider Städte verschmelzen.

Zwar heißt es, Cascais habe seinen Charakter als Fischerdorf besser bewahrt als Estoril, aber bei näherer Betrachtung haben sich in den ebenerdigen Fischerhütten schon längst Boutiquen und originelle Restaurants etabliert. Allerdings: Es gibt sie noch, die Fischer! Ein Besuch der täglichen Fischauktion lohnt, denn in Portugal werden die Fische zuerst zu hohen Preisen angeboten und erst dann reduziert, wenn die Angebote ausbleiben. Wer Glück hat, erlebt an einem Sonntag im Sommer, wie Bullen an den Strand getrieben werden und Fischerjungen sich mit Holzdegen als Stierkämpfer versuchen.

Cascais hat ein ausgesprochen mildes Klima, da das im Norden vorgelagerte Sintra-Gebirge die kalten Winterwinde abhält. Und es ist nur ein Katzensprung zur *Boca do Inferno* (Höllenschlund), einer Klippenformation mit einem von der Brandung geschaffenen Felsentor, in dem der Atlantik gurgelt. Von einer Aussichtsplattform kann man dieses Naturereignis beobachten. Vorortzug ab Cais do Sodré.

## Estoril

Das Seebad ist westlich von Lissabon gelegen und ebenfalls mit der Bahn ab Cais do Sodré zu erreichen. Jahrzehntelang diente es als beliebtes Exil für abgedankte Könige. Heute ist es allerdings eine ziemlich zubetonierte Schlaf- und Touristenstadt, deren achtzehnstöckiges 5-Sterne-Hotel *Estoril Sol* ein Musterbeispiel für die Bausünden an Südeuropas Küsten ist.

Estorils größte Sehenswürdigkeit ist das *Spielkasino*. Es sieht zwar nach seinem Umbau eher wie eine Ausstellungshalle aus, aber es ist eines der größten und traditionsreichsten Europas. Täglich (außer Karfreitag und Heiligabend) kann man hier ab 15 Uhr auf alle möglichen Arten sein Glück versuchen. 200 Herren im dezenten blauen Tuch sorgen dafür, daß Kugeln und Karten immer in Bewegung sind. Dazu gibt es jede Form von Entertainment, die Shows haben internationales Niveau. Eine befestigte Uferpromenade verbindet Estoril mit dem Nachbarort Cascais, und ein gepflegter *Kurpark* sowie ein 18- und 9-Löcher-*Golfplatz* erinnern an die mondäne Vergangenheit.

## Guincho

Guincho ist kein Ort, sondern eine Küstenlandschaft von Urgewalt. So wie es der Name *Guincho* sagt. Er bedeutet Aufschrei. Es ist das Meer, das hier tost und seine Wellen bricht. Der richtige Platz für die Surfweltmeisterschaften. In den Sommermonaten ist Guincho total von Lissabonnern überlaufen, obgleich auch dann die Brandung nicht ungefährlich ist. Zum Naturschauspiel kommen eine Reihe ausgezeichneter Fischrestaurants, unter denen jenes im *Hotel do Guincho* seit Jahrzehnten unangefochten die Spitze hält.

Ungefähr 7 km hinter der *Praia do Guincho* biegt eine kleine Straße links ab. Sie führt zu dem 144 m über dem Atlantik aufsteigenden *Cabo da Roca*, dem westlichsten Punkt unseres Kontinents. Wer es schriftlich haben möchte, daß er an diesem Platz gewesen ist, kann sich eine Urkunde mit seinem Namen ausstellen lassen.

## Mafra

Den 45 km nordwestlich von Lissabon gelegenen Ort (9000 Ew.) kann man bequem mit dem öffentlichen Bus von der Praça Marquês de Pombal erreichen. Nicht das verschlafene Städtchen lohnt die Besichtigung, sondern ein gewaltiger barocker *Klosterpalast* aus dem 18. Jh. Die Fassade mißt 220 m, in über 900 Räumen soll es 4500 Türen und Fenster geben. Die Basilika und die Bibliothek mit 35000 Bänden sind beeindruckend. Sehenswert ist ebenfalls die alte Klosterapotheke. König João V. wollte mit diesem Bau den Escorial in Madrid übertreffen. Auch ein Rundgang durch die restaurierte gotische Kirche *Santo André* aus dem 13./14. Jh. lohnt.

Drei Tips: 1. Vorher soviel wie möglich über Mafra lesen, die meisten lokalen Führer sprechen nur portugiesisch. 2. Die Ortsspezialität *pão de Mafra* (Brot) probieren. 3. *Di* und *Fr* ist das Kloster geschlossen.

## Palmela

Ein Dorf mitten in einem großen Weinanbaugebiet. Dorf und Weinberge werden überragt von einer imposanten *Burg* aus dem 12. Jh. Während maurischer Zeit galt sie als die stärkste Festung im Süden Portugals. Weinliebhaber sollten nicht mit dem eigenen Wagen in diese weinselige Gegend fahren oder aber eine Übernachtung in einer der beiden *Pousadas* (staatl. Hotels) einplanen. Im September findet in dem 6000-Seelen-Ort ein buntes *Weinfest* statt. Als Höhepunkt des Festes wird ein riesiger, mit Trauben gefüllter Bottich vor die Dorfkirche getragen. Alle Einheimischen zertreten stundenlang die Trauben und bringen den Saft in die Kirche, um damit für die Ernte zu danken. Über die Tejo-Brücke, 10 km nördlich von Setúbal oder mit der Fähre ab Estação Sul e Sueste nach Barreiro, von da mit dem Bus.

## Queluz

Der Ort ist heute eine weitere Schlafstadt der Hauptstadtpendler, 14 km westlich von Lissabon. Fast 20 000 Pendler mit ihren Familien wohnen hier in monotonen Wohnsilos. Ein beklemmender Kontrast zu der größten Sehenswürdigkeit der Stadt, dem heiter-beschwingten, himbeerfarbenen *Rokokoschlößchen* Queluz (»Welch ein Licht«). Ein Flachbau wie Sanssouci mit einem schönen Park. Gegenüber steht leider ein häßlicher Kasernenbau. Wenn Staatsbesucher hier wohnen, ist keine Besichtigung der Innenräume möglich. Schade, denn es gibt goldverzierte Säle mit Spiegelwänden zu sehen, und in einem Saal ist die Akustik so gut, daß dort im Sommer Konzerte veranstaltet werden. *Mi–Mo 10–17 Uhr, Eintritt 400 Esc. Vorher anrufen, ob geöffnet: Tel. 435 00 39.*

Neben dem Palast die geschmackvoll-rustikal eingerichtete *Cozinha Velha* (Alte Küche). Die einstige Schloßküche ist jetzt ein Luxusrestaurant. Hier sollte man eine der vielen Varianten des portugiesischen Nationalgerichts *bacalhau* probieren. Reservieren! *Tel. 435 02 32, Kategorie L*

## Setúbal

Durch die Autobahn mit dem 40 km entfernten Lissabon verbunden. Fast 100 000 Menschen leben in der viertgrößten Stadt Portugals. Fischfang, Fischkonservenverarbeitung und Automontage geben ihnen Lohn und Brot. Trotz dieser industriell ausgerichteten Sozialstruktur hat Setúbal sich seinen Charakter als Provinzstadt auch im Stadtbild erhalten. Vor allem im Altstadtviertel zwischen der *Praça Almirante Reis* und der *Igreja de Santa Maria da Graça*. Dort steht auch die *Igreja de Jesus*, die erste im manuelinischen Stil erbaute Kirche Portugals. Und natürlich sollte man vom *Moscatel de Setúbal* probieren, einem süßen Dessertwein aus der Gegend.

## Sintra

Die kleine Stadt liegt 28 km nordwestlich von Lissabon und ist eingebettet in eine bewaldete Berglandschaft mit üppiger Vegetation und angenehmem Klima. Trotz vieler Touristenpulks hat sich das 22 000-Seelen-Städtchen in einigen Gassen seinen Charme erhalten. Seit 1996 in der Unesco-Liste der Weltkulturdenkmäler. Wer die beiden Paläste besichtigen will, muß an einer Gruppenführung teilnehmen. Der *Paço Real*, der königliche Palast, ist seit dem 14. Jh. Sommersitz der portugiesischen Könige.

Sein Wahrzeichen allerdings — die beiden mächtigen konischen Küchenschornsteine — stammt aus dem 18. Jh., *Tgl. außer Mi 10 bis 17 Uhr, Eintritt: 450 Esc, So frei*

Ganz in der Nähe ein gastronomischer Geheimtip: nicht ganz billig, aber ausgezeichnet! Restaurant *Tôcha Real* (Königsleuchter). *Tgl. geöffnet, Reservierung notwendig, deshalb die Telefonnummer: 01/923 52 77*

Der *Palácio da Pena* wurde zwischen 1839 und 1850 errichtet. Ein Märchenschloß à la Neuschwanstein, und ein prächtiger Park ist auch noch dabei. *Mi—Mo 10—17 Uhr, Eintritt 150 Esc*

Ein Besuch im *Palácio de Seteais* (Luxushotel) lohnt ebenso wie die Weiterfahrt zum ca. 8 km entfernten *Cabo da Roca*, »wo das Land aufhört und das Meer beginnt«. Bis zur Entdeckung Amerikas galt dieser Platz als das Ende der Welt.

## Tagestouren

Wer möglichst viel in kurzer Zeit sehen möchte, hat zwei Möglichkeiten. Er kann sich seine eigene Kombination verschiedener Sehenswürdigkeiten in der Umgebung zusammenstellen, oder er kann sich der eigens für Touristen zusammengestellten Touren der *RN*, der nationalen Überlandbusse, bedienen. Dies spart Zeit und schont die Nerven. Jeder Hotelportier hat Unterlagen zur Verfügung.

**A**

*Queluz* (Königspalast) — *Mafra* (Kloster und Bibliothek) — *Ericeira* (Fischerdorf und Badeort) — *Sintra* (die beiden Königspaläste), über *Cascais* und *Estoril* zurück.

**B**

*Tomar* (Sitz der Tempelritter, Klosterbau aus dem 12. Jh.) — *Coimbra* (Portugals älteste Universitätsstadt, Besichtigung von Bibliothek, Kapelle, Aula) — Mittagessen — Ausstellungspark *Portugal in Miniatur* (Modellbauten und Denkmäler aus ganz Portugal).

**C**

*Óbidos* (mittelalterliche Stadt) — *Alcobaça* (Kloster aus dem 12. Jh.) — *Nazaré* (Fischerdorf, bekannt für seine farbenprächtigen Frauentrachten, Mittagessen) — *Batalha* (Kloster) — *Fátima* (weltbekannter Wallfahrtsort), durch die *Ribatejo*-Ebene zurück nach Lissabon.

**D**

Fahrt durch das größte Korkeichengebiet der Welt — *Évora* (Universitätsstadt mit römischen Ruinen, romanisch-gotischer Kathedrale) — Mittagessen — *Setúbal* (großer Fischereihafen) — *Lissabon*.

**E**

*Setúbal* (berühmt für Fisch und Krustentiere) — *Palmela* (berühmt für seine Weine, sein Weinfest im September und seine Schloß-Luxus-Pousada).

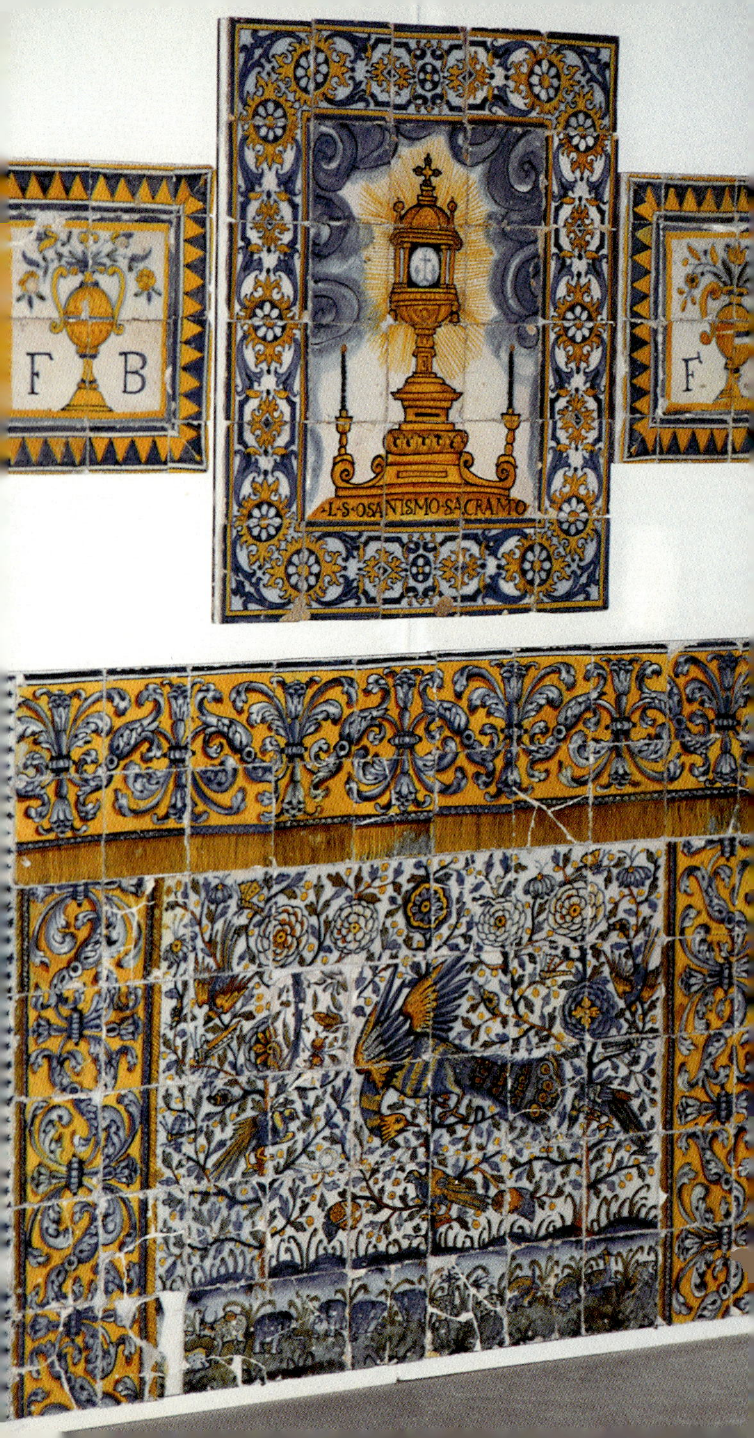
F B
·L·S·OSANTISMO·SACRAMTO
F

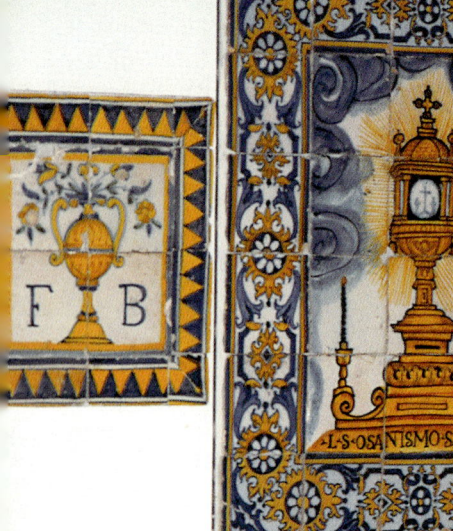

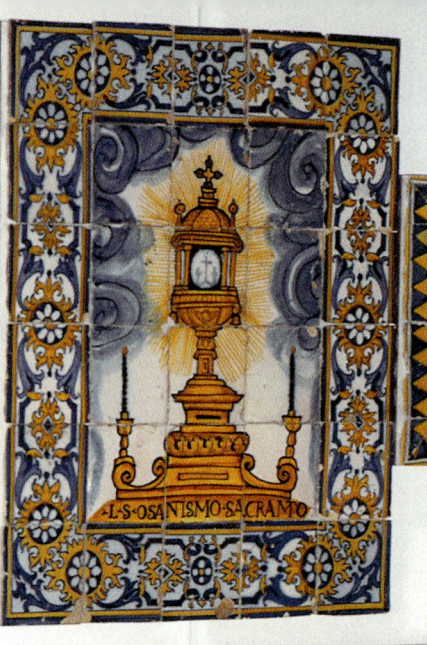

# Zwei Stunden im Museum

*Kühne Entdeckertaten, äußerer Pomp und tiefe Gläubigkeit –*
*Lissabons Museen sind eine Fundgrube*

**N**achschlagewerke nennen 42 Museen in Lissabon. Doch hat bei dieser Zählung viel Lokalstolz mitgespielt. Einige sind darunter, deren Ausstellungsstücke nicht einmal ein Zimmer füllen. Andererseits bietet Lissabon einige Museen, in denen Themen illustriert werden, die man in dieser Ausführlichkeit nirgendwo sonst findet. Naturgemäß handelt es sich dabei um Museen, die eng mit portugiesischer Kultur, Lebensart und Geschichte verbunden sind. Leider sind die meisten Beschreibungen nur in portugiesischer Sprache. Die Wege zu den wichtigsten Museen sind in der Innenstadt gut gekennzeichnet (weiße Schilder mit schwarzer Schrift).

Die Lissabonner sind stolz auf ihre Museen – fast jeder kennt die wichtigsten, zumindest den Weg zu ihnen. Scheuen Sie sich nicht zu fragen. Es kann Ihnen passieren, daß der Befragte Sie bis zum Eingang begleitet. Mit

*Das Museu Nacional do Azulejo dokumentiert die Entwicklung der Azulejos bis in die Gegenwart*

einem muß man allerdings immer rechnen: Es kann vorkommen, daß man vor verschlossenen Türen steht, weil gerade renoviert oder umgebaut wird. Deshalb ist eine Rückfrage bei der Touristeninformation empfehlenswert *(Mo meist Ruhetag)*.

### Museu D'agua Manuel da Maia – Museum der Wasserversorgung (O)

Das Ende 1987 eröffnete Museum zeigt anschaulich die Geschichte der Wasserversorgung Lissabons von der Römerzeit bis zur Chlorierung des heutigen Wassers. Vor allem die Anlage des *Aqueduto das Águas Livres* mit seinen Pumpstationen nimmt breiten Raum ein. Wegen seines vorbildlichen Aufbaus erhielt das Museum 1990 den ersten Preis des Rates Europäischer Museen. *Di–Sa 10–12.30 u. 14 bis 17 Uhr, Eintritt 300 Esc, Tel. 813 55 22, Rua do Alviela 12, Eléctrico 3, 16, 24, Bus 13 A*

### Museu Antoniano – Museum des heiligen Antonius (E 5)

Ein kleines Museum, das dem Schutzpatron der Stadt gewidmet ist. Abbildungen und figürliche Darstellungen des Heiligen aus allen Jahrhunderten. *Di–So 10–13 u. 14–18 Uhr, Eintritt: 130 Esc, Largo de Santo António da Sé, 24, Eléctrico 28, 28B, Bus 37*

## Museu Arqueológico – Archäologisches Museum (D 4)

Ein kleines Museum, das nicht wegen seiner Exponate lohnt, sondern wegen deren Aufstellung. Es ist im *Convento do Carmo* (Karmeliterkloster aus dem 14. Jh.) untergebracht. Der Bau wurde beim großen Erdbeben fast völlig zerstört. Stehengeblieben sind lediglich die eleganten gotischen Pfeiler des Portalbogens, in dem nun die Ausstellungsstücke unter freiem Himmel zu besichtigen sind. Das hat einen sehr bizarren Reiz. Im September finden hier auch Konzerte statt. *Tgl. außer So u. Feiertage 10 bis 22 Uhr, Eintritt: 300 Esc, Largo do Carmo, Metro: Rossio, dann Elevador Sta. Justa oder Eléctrico 24*

## Museu de Arte Moderna – Modernes Kunst-Museum (O)

Vor allem die portugiesische Malerei ab 1960 ist hier in einem informativen Überblick vertreten, während jene der Jahrzehnte vorher (ab 1911) lückenhaft bleibt. Das Museum gehört zur *Gulbenkian*-Stiftung (wichtig für Taxifahrer!) und wurde 1984 eingeweiht. Seine Architektur ist modern und ansprechend, die Cafeteria besser als jene im Hauptmuseum mit Gulbenkians Privatstücken. *Tgl. außer Mo u. Feiertage 10–17 Uhr, Mi, Sa 14–19.30 Uhr, Eintritt: 200 Esc, Studenten und Senioren ab 65 Jahren frei, So für alle. Gulbenkian-Park, Av. de Berna, 45, Metro: São Sebastião*

# MARCO POLO TIPS FÜR MUSEEN

**1 Museu de Calouste Gulbenkian**
Das modernste und vielseitigste Museum Lissabons (Seite 39)

**2 Museu Escola des Artes Decorativas**
Eine private Sammlung von Möbeln, Gobelins, Leuchtern und Geschirr (Seite 40)

**3 Museu Nacional do Azulejo**
In diesem ehemaligen Klostergebäude kann man alles über portugiesische Kacheln erfahren (Seite 41)

**4 Museu Nacional dos Coches**
Die weltweit umfangreichste Sammlung von fürstlichen Kutschen und Staatskarossen (Seite 42)

**5 Museu Nacional de Arte Antiga**
Glanzstück der Ausstellung ist die »Versuchung des hl. Antonius« von Hieronymus Bosch (Seite 41)

**6 Museu da Marinha**
Modelle, Dokumente und Bordgeräte aus Portugals Entdeckerzeit (Seite 40)

## Museu de Arte Popular – Volkskunst-Museum (O)

Ein eher nüchternes Museum, dessen Exponate – nach Provinzen geordnet – viel vom portugiesischen Landleben erzählen. Da auch in Portugal mehr und mehr das angestammte Brauchtum von der Agrarindustrialisierung verdrängt wird, verschwinden die traditionellen Handwerkszweige wie Töpferei, Spinnerei und Schmiedekunst, Sonnenuhren, Öllampen, Pfeifen – nichts fehlt. Das gibt einer Sammlung wie dieser von Jahr zu Jahr einen höheren Stellenwert. *Tgl. außer Mo u. Feiertage 10–12.30 u. 14–17 Uhr, Eintritt: 200 Esc, Av. de Brasília, bei den Docks von Belém, Bus 27, 28, 43, 49 ab Praça Marquês de Pombal, Eléctrico 15*

## Museu de Arte Sacra – Museum für religiöse Kunst (C–D 4)

In diesem Museum – auch *Museu de São Roque* genannt – werden Altardecken, italienische Meßgewänder, Gold- und Silberschmiedearbeiten, japanische Bilder und Wandschirme gezeigt. Die französischen Silberarbeiten zählen zu den besten der Welt.

In diesem der Kirche São Roque angeschlossenen Museum ist auch ein Modell der berühmten Kapelle für Johannes den Täufer *(João Baptista)* aus den Originalmaterialien zu besichtigen. *Tgl. außer Mo u. Feiertage 8–17.30 Uhr, Eintritt: 150 Esc, Largo da Trindade Coelho, Eléctrico 20, 24, Bus 15, Metro: Restauradores*

## Museu de Calouste Gulbenkian – Gulbenkian-Museum (O)

★ Das größte Museum der Stadt gehört zu der Stiftung des armenischen Ölmagnaten Calouste-Gulbenkian. Er vermachte seine in vier Jahrzehnten gesammelten Kunstschätze Portugal, dem Land, das ihm im Zweiten Weltkrieg Asyl gewährte. Zu dem ebenerdigen Museum gehören die Abteilungen Orientalische Kunst, Griechische und Römische Kunst, Gemälde sowie auch Skulpturen.

Der Besuch dieses Museums lohnt sich selbst für Museumsmuffel. Der Museumsbau ist von führenden europäischen Fachleuten 1969 so gebaut worden, daß jedes Stück optimal placiert werden konnte und der Besucher beim Rundgang immer wieder einen Blick in den weitläufig angelegten Park werfen kann, für den man sich ebenfalls etwas Zeit nehmen sollte. Cafeteria. *Mo–Fr 9–17.30 Uhr, Sa 14.30 bis 19.30 Uhr, Eintritt: 500 Esc, Av. de Berna, 45, Bus 16, 26, 30, 46, 56 bis Av. de Berna, Metro: Palhavã*

## Museu da Cidade – Stadtmuseum (O)

Sehenswert für jene, die sich für die Geschichte Lissabons von der Antike bis in die heutige Zeit interessieren.

Informativ: die mit alten Geräten ausgestattete Palastküche. Schön: das bekannte Bild von Malhoa »Fado« und viele Azulejowandgemälde. Pikante Zugabe: Das Museum ist im *Palácio Pimenta* (Pfeffer-Palast) untergebracht, den João V. für seine Geliebte, eine Nonne, erbaut haben soll. *Tgl. außer Mo u. Feiertage 10–13 u. 14–18 Uhr, Eintritt: 305 Esc, Campo Grande, 245, Bus 1, 3, 7, 21, 50, Metro: Campo Grande*

## Museu dos Correios e Telecomunicações – Postmuseum (D 4)

Portugals Postwesen einst und jetzt. Alte Telefone und Briefkästen, aber auch erstaunlich moderne elektronische Kommunikationsmittel werden hier gezeigt. *Mo–Fr 9.30–17.30 Uhr, Eintritt frei, Largo da Trindade, 16, Eléctrico 24, 25, Bus 15, 100*

## Museu Escola des Artes Decorativas – Museum für angewandte Kunst (E 5)

★ Eine der reichsten portugiesischen Familien – Espirito Santo – hat aus ihrem Privatbesitz Möbel und wertvolle Stücke gestiftet. Untergebracht ist die Sammlung im Palast *Azurara* aus dem 18. Jh., dessen bemalte Decken und Azulejopaneele einen passenden Rahmen für die Möbel, Gobelins, China-Porzellane und venezianischen Leuchter abgeben. Besonders eindrucksvoll: das Speisezimmer mit einem gedeckten Tisch. Ein liebevoll arrangierter Querschnitt durch portugiesische Lebensart. Zum Museum gehören Lehrwerkstätten für Kunsthandwerker, die ebenfalls besichtigt werden können. Schräg gegenüber vom Museum steht der ✿ *Miradouro de Santa Luzia,* von dem man einen der schönsten Blicke auf Lissabon hat. *Tgl. außer So, Mo u. Feiertage 10–17 Uhr, Largo das Portas do Sol, Alfama, Bus 37, Eléctrico bis Largo das Portas do Sol*

## Museu de Etnologia do Ultramar – Ethnologisches Museum (O)

Geboten wird eine Übersicht über Völker in den ehemaligen Kolonien: Afrika, Südamerika, Indien. Trotz des Neubaus 1985 fehlt Platz für die vielen Exponate. Deshalb gibt es Wechselausstellungen zu verschiedenen Themen. Vorher erkundigen. *Di–So 14–18 Uhr, Mi–So 10–18 Uhr, Eintritt: 350 Esc, Belém, Av. Ilha Madeira, Bus 28, 32, 49, 51*

## Museu do Sociedade Geográfico do Lisboa – Museum der Geographischen Gesellschaft von Lissabon (D 3)

Sehenswert sind vor allem die Räumlichkeiten der Geographischen Gesellschaft, die 1878 gegründet wurde, sowie die umfangreiche Bibliothek. Neben dem Gebäude steht das frisch renovierte *Coliseu dos Recreios,* das Platz für 4000 Zuschauer bietet. In dem achteckigen Raum finden den Orchesterkonzerte und Show-Veranstaltungen statt. *Mo, Mi, Fr 11–13 u. 15–18 Uhr, Eintritt frei, Rua das Portas de Santo Antão 100, Bus 1, 2, 9, 21, 44, Metro: Rossio*

## Museu da Marinha – Schiffahrtsmuseum (O)

★ Ein paar hundert Meter entfernt stach Vasco da Gama in Richtung Indien in See – damit begann Portugals weltweite Seeherrschaft. Verständlich, daß eine solche Nation ein Schiffahrtsmuseum hat. Die Geschichte der Seefahrt wird mit Schiffsmodellen, historischen Dokumenten, Navigationsinstrumenten, Bordgeräten und Seekarten *(roteiros)* dargestellt. Am Eingang eine Weltkarte, auf der die Entdeckungsfahrten portugiesischer Seeleute im 15. und 16. Jh. eingezeichnet sind. (Die Karte ist verkleinert an der Kasse zu kaufen.) Aufschlußreich: Gegen den damaligen Brauch besaßen portugiesische Schiffe keine weiblichen, sondern männliche Bugfiguren. Für Fluginteressierte: Das Flugzeug, mit dem die Portugiesen Coutinho und Cabral 1922 als erste von Lissabon nach Rio flogen, ist ebenfalls zu besichtigen. *Tgl. außer Mo u. Feiertage 10–18 Uhr, Eintritt: 300 Esc, Praça do Império, Belém, Bus 27, 28, 43, 49, Eléctrico 15, 17*

## Museu da Marioneta-Puppenmuseum (E 4)

Puppen aller Art und aus vielen Ländern spielen in einem kindernärrischen Land wie Portugal eine wichtige Rolle. Deshalb lohnt sich ein Blick in dieses ungewöhnliche Museum, in dem alles, was zum Marionettentheater und dessen Geschichte gehört, zu sehen ist. Achtung: unbedingt vorher erkundigen, ob es geöffnet ist, denn während der Vorstellungen bleibt das Museum geschlossen. *Di–So 10 bis 12.30 u. 14–18 Uhr, Eintritt 300 Esc, Kinder – natürlich! – frei, Largo Rodrigues de Freitas, 19-A, Bus 12, 28, 28B, Metro: Rossio*

## Museu Nacional de Arqueologia e Etnologia – Archäologisches und Völkerkundemuseum (O)

Erst seit 1990 nach umfassender Neugestaltung wieder geöffnet. Besonders interessant: Schmuck von 20–150 n. Chr. Zu sehen gibt es unter anderem Stücke aus der Vorgeschichte, aus Ägypten, römische Mosaiken und mittelalterliche Geräte. *Tgl. außer Mo 14–18, Mi, So 10–18 Uhr, Eintritt: 300 Esc, Praça do Império, im Westflügel des Hieronymusklosters, Belém, Bus 49 ab Praça Marquês de Pombal (Rotunda) bis Mosteiro dos Jerónimos*

## Museu Nacional de Arte Antiga – Nationale Kunstgalerie (A 5)

★ Möglicherweise wissen Lissabonner nicht, was Sie meinen, wenn Sie den offiziellen Namen des Museums nennen. Im Volksmund heißt es *Museu das Janelas Verdes*, nach dem Straßennamen, der im Deutschen mit *Straße der grünen Fensterläden* (die es nicht mehr gibt) übersetzt wird. Gemälde, Plastiken, Azulejos und wertvolle Goldschmiedearbeiten sind zu sehen. Glanzstücke: Hieronymus Boschs »Versuchung des hl. Antonius«, eine Goldmonstranz des Hieronymusklosters (1506) sowie einige sehenswerte Stücke aus portugiesischen Klöstern, z.B. das Polyptychon des Vinzent-Altars, etwa 1460 entstanden. ◆ Noch ein Höhepunkt: Blick aus einem Fenster der Glassammlung auf den Tejo mit seinem Schiffsverkehr. *Di 14–18 Uhr, Mi–So 10 bis 18 Uhr, Mo u. Feiertage geschlossen, Eintritt: 500 Esc, Kinder u. Studenten frei, So alle frei, Rua das Janelas Verdes 95, es ist empfehlenswert, durch diese Straße zu Fuß zu gehen, deshalb am besten mit der Eléctrico 15, 16, 17, 18, 19 bis zur Rua São João da Mata oder Bus 27, 40, 49, 60*

## Museu Nacional do Azulejo – Kachelmuseum (O)

★ So klein dieses Museum ist – es ist das größte Kachelmuseum der Welt. Es bietet einen Querschnitt durch die historische Entwicklung dieser für Portugal so typischen Kunst der Kachelmalerei von den maurischen Anfängen bis ins 19. Jh. Leider sind viele der Azulejomotive nur auf großformatigen Fotos zu betrachten. In den Kreuzgängen zeigen Muster die Veränderun-

*Kutschen aus vergangenen Jahrhunderten: Museu Nacional dos Coches*

gen, die Azulejos im Laufe der Jahrhunderte durchgemacht haben. Auch die Motive wechseln von biblischen Darstellungen zu Jagdszenen und galanten Bildern. Der Besuch lohnt auch wegen des Gebäudes, in dem die Stücke zur Schau gestellt werden, im *Convento da Madre de Deus*. Dieses Kloster, 1509 erbaut, wurde beim großen Erdbeben weitgehend zerstört. Die jetzige Innenausstattung stammt aus dem 18. Jh. Sie verbindet elegant den Wand- und Deckenschmuck aus flämischen Azulejos mit der üppigen Goldstuckverzierung. Prunkstück dieses Museums: das 35 m lange Azulejopanorama Lissabons vor dem Erdbeben im ersten Stock des Hauptkreuzgangs. Gut zu wissen: Die Cafeteria mit Terrasse ist durchgehend geöffnet! *Tgl. außer Mo u. Feiertage 10–12.30, 14–17 Uhr, Eintritt: 200 Esc, Senioren u. Studenten frei, Rua Madre de Deus/Xabregas, Eléctrico 3 u. 16 bis Madre de Deus, Bus 18, 24*

## Museu Nacional dos Coches – Kutschenmuseum (O)

★ Staatskarossen vom 16. bis 19. Jh. sind in der ehemaligen Reitschule des *Palácio de Belém* (des heutigen Sitzes des Staatspräsidenten) aufgestellt. Das weltweit umfangreichste Museum dieser Art bietet eine Sammlung, die von gold- und stuckverzierten Prunkkutschen bis zu leichten Jagd- und Spazierwagen reicht. Das bescheidenste Gefährt ist auch das älteste. 1619 saß Philipp II. in ihm. Dieser mönchisch-bescheidene König kam darin vom Escorial nach Lissabon, um sich zur spanischen auch die portugiesische Krone aufsetzen zu lassen. Die prunkvollsten Kutschen, in Italien gefertigt, sind jene drei, die sich Anfang des 18. Jhs. der Marquês de Fontes für seinen Antrittsbesuch beim Heiligen Stuhl anfertigen ließ. Irdische Macht protzt hier gegen himmlische Gnade.

Unbedingt einen Rundgang in der Galerie einplanen, weil bei

einigen Prunkkutschen auch die Dächer reich verziert sind. *Tgl. außer Mo 10–18 Uhr, Eintritt: 500 Esc, Senioren u. So frei, Belém, Praça de Alfonso de Albuquerque, Bus 14, 27, 28, 29, 43, 49, 51, Eléctrico 15, 16, 17*

## Museu Nacional de História Natural – Museum der Naturgeschichte (C 3)

Das kleine, aber sehenswerte Museum liegt mitten im Botanischen Garten. Sein Nachteil: Die Öffnungszeiten wechseln ständig. *Eintritt frei, Rua da Escola Politécnica, Bus 15, 58, Eléctrico 10, 20, 24, 29, 30*

## Museu Nacional do Teatro – Nationales Theatermuseum (O)

Seit 1985 ist dieses Museum nach modernen Gesichtspunkten in neuen Räumen arrangiert worden. Theaterzettel, Kostümskizzen, Programmhefte versuchen den Zauber der Bühne zu beschwören. Natürlich hauptsächlich aus portugiesischer Sicht. *Die Öffnungszeiten sind unregelmäßig, deshalb erfragen unter Tel. 757 25 94/47, Estrada do Lumiar, 10–12, Bus 1, 3, 4, 17B, 36*

## Museu Nacional do Traje – Trachtenmuseum (O)

Zum Fundus dieses Museums gehören 20 000 Kleidungsstücke aus allen portugiesischen Provinzen und vielen Jahrhunderten. Es liegt an der nördlichen Stadtgrenze im Neubauviertel *Lumiar*. Verständlich, daß nie alle Stücke gleichzeitig ausgestellt werden können. Deshalb sollte man sich in einer der Tourismusinformationen erkundigen, was es gerade zu sehen gibt. Präsentiert wird jede Ausstellung mit viel Sinn für Atmosphäre. Zu Festkleidern erklingt z.B. Menuettmusik.

Außer den Ausstellungen im *Palácio do Monteiro-Mor* gibt es noch drei Gründe nach Lumiar zu fahren: Der gepflegte Park lädt zum Flanieren ein, in seiner Nähe ist die *Quinta dos Azulejos* (Landgut der Kacheln), die ihren Namen den schönen Azulejowänden verdankt, und drittens gehört zum Museum ein ausgezeichnetes, jedoch nicht ganz billiges Restaurant. *Tgl. außer Mo 10–13 u. 14.30–17 Uhr, Eintritt: 300 Esc, So frei, Largo Júlio Castilho, Bus 1, 3, 4, 7, 7a, 17B, 36, Metro: Campo Grande*

## Museu Rafael Bordalo Pinheiro (O)

Gegenüber dem Stadtmuseum befindet sich in einer Villa aus dem Jahre 1912 dieses kleine Museum, das dem in Portugal sehr populären Zeichner und Modellierer Pinheiro (1846 bis 1905) gewidmet ist und viele seiner Keramiken zeigt, die meist eine karikaturistische Note haben, wie z.B. seine den Portugiesen vertraute Figur *Zé Povinho* (Onkel Povinho), die Verkörperung des kleinen Mannes. *Di–So 10–13 u. 14–18 Uhr, Eintritt: 200 Esc, Campo Grande, 282, Bus 1, 7, Metro: Campo Grande*

## Museu Tauromáquico – Stierkampfmuseum (O)

Das Museum ist in einem Raum der Arena am *Campo Pequeno* untergebracht und zeigt Requisiten und Plakate aus der Welt der portugiesischen *touradas* (Stierkämpfe). *Tgl. außer Mo 9–19 Uhr, Eintritt frei, Praça de Touros do Campo Pequeno, Metro: Campo Pequeno*

`k0

# Wohin gehen wir essen?

*Wer gern Fisch ißt, hat in Lissabon keine Probleme — wer es eher deftig mag, sollte die brasilianische Küche probieren*

In Portugal hat der Staat Restaurants in vier Kategorien eingeteilt. Achten Sie nicht auf diese Schilder, die Einstufung richtet sich nach allen möglichen Kriterien, nur nicht nach der Qualität des Essens. Schauen Sie lieber in die Auslagen, wie frisch Fisch *(peixe)* und Fleisch *(carne)* sind. Montags Fisch zu bestellen ist nicht zu empfehlen, denn die Fischmärkte sind an diesem Tag *(segunda-feira)* geschlossen. Vergeblich werden Sie in unseren Empfehlungen nach Restaurants mit deutscher Küche sowie Adressen von Fast-food-Ketten oder Pizzalokalen suchen. Wir rechnen mit aufgeschlossenen Touristen, die möglichst viele Besonderheiten Portugals kennenlernen wollen. Deshalb haben Restaurants mit portugiesischer Küche Vorrang. Ausnahmen haben wir jedoch bei der brasilianischen und chinesischen Küche gemacht. Schließlich war Brasi-

lien bis 1822 portugiesische Kolonie, und noch heute schauen viele Portugiesen mit Bewunderung und Neid zur übergroßen Tochter, und über Macao weht seit 1514 die grünrote portugiesische Flagge.

Wer keinen Fisch und keine Schaltiere mag, bringt sich um das Beste der portugiesischen Küche. Bei 2500 Restaurants in und um Lissabon kann unsere Auswahl ohnehin nur Kostproben bieten. Die Essenszeiten entsprechen den unseren. Mittagessen *(almoço)* von 12.30 bis 14.30 Uhr, Abendessen *(jantar)* von 19 bis 22 Uhr und später.

Keine Angst vor einfachen *tascas* (Kneipen). Oft steht in diesen Familienbetrieben der Besitzer oder die Besitzerin selbst am Herd und kocht mit Liebe. Allerdings auch mit viel Kalorien. Portugals Küche ist deftig, rustikal und reichlich. Kein Kellner wundert sich, wenn Sie eine *meia dose* (halbe Portion) bestellen. Das ist zu empfehlen, wenn man möglichst viele Gerichte probieren möchte. Die Speisekarte *(ementa)* hat die gleiche Einteilung wie bei uns. Unter den *entradas* (Vor-

*Cafés sind Institutionen in Lissabon. Die Lissabonner sitzen am liebsten im Café, die Touristen bevorzugen die Plätze vor dem Café*

speisen) sollte man *espadarte fumado* (geräucherten Schwertfisch) probieren oder einfach *tapas* bestellen, verschiedene Vorspeisen. Wer eine Suppe kosten möchte, die in ganz Portugal gegessen wird, muß einen *caldo verde* wählen. Er bekommt eine sämige Kartoffelsuppe mit kleingehacktem Grünkohl.

Die Fleischgerichte sind meist gegrillt oder gebraten, seltener gekocht. Das Nationalgericht *cozido á portuguesa*, ein Gemüse-Fleisch-Eintopf, ausgenommen. *Bife* fehlt auf keiner Karte, es ist ein Steak, meist jedoch zäh, sowohl vom Rind *(vaca)* wie vom Schwein *(porco)*. Wer sein *bife* englisch, also nur kurz angebraten haben möchte, bestellt es *mal passado*; gut durch heißt *bem passado*,

und medium heißt *medio*. Zu portugiesischen Gerichten gehören *borrego* (Lamm) und *cabrito* (Zicklein). Beide werden mit frischen Kräutern zubereitet. Außer Kartoffeln oder Reis gibt es dazu Salat oder Gemüse, das leider meist zerkocht ist. Eine Spezialität aus der Umgebung Lissabons ist *chanfana*, Ziege in Weinsoße. *Leitão assado* ist Spanferkel, das in guten Restaurants im Backofen knusprig gebacken wird.

Mehr Platz auf der Karte nehmen die Fischgerichte ein. Lassen Sie sich den Fisch zeigen, der für Sie zubereitet werden soll, und fragen Sie auch nach dem Preis! Der wird pro Kilo angegeben. Portugal ist längst nicht mehr das Billigfischland wie

# MARCO POLO TIPS FÜR RESTAURANTS

**1 Faz Figura**
In diesem Restaurant sollte man unbedingt einen Tisch am Fenster vorbestellen, den Blick auf den Tejo gibt es nämlich gratis dazu (Seite 51)

**2 Cervejaria da Trindade**
Speisen in einer ehemaligen Klosterkirche des Stadtteils Bairro Alto (Seite 51)

**3 Leão d'Ouro**
Mittagessen unter Portugiesen mit echter Rossio-Atmosphäre (Seite 53)

**4 Museu do Traje**
Parkrestaurant beim Trachtenmuseum. Auch sonntags geöffnet (Seite 53)

**5 A Severa**
Nur mittags zu empfehlen (Seite 54)

**6 Afira-te ao Rio**
Fähre, Fisch und Familienküche — eine gute Kombination für einen gelungenen Abend (Seite 51)

**7 Frei Papinhas**
Für ein Essen zu zweit bei Kerzenlicht (Seite 53)

**8 Via Graça**
Speisen, Aussicht und Service — alles stimmt (Seite 54)

**9 Cais da Ribeira**
Gemütliches Fischrestaurant mit Blick über den Tejo (Seite 54)

noch vor zehn Jahren. Seezunge *(linguado)* ist in Lissabon oft teurer als bei uns. Versuchen Sie dafür einen *tamboril*. Hinter diesem exotischen Namen versteckt sich ein grätenloser Fisch, der Seeteufel. Auch eine gut zubereitete portugiesische Fischsuppe, eine *caldeirada*, steht einer Bouillabaisse in nichts nach. Reichlich Knoblauch haben beide. Übrigens: Wenn Sie ein Gericht ohne Knoblauch wollen, bestellen Sie *sem alho*. Ob es allerdings etwas nützt ...

Ein Fisch verbindet alle Portugiesen mehr als die Nationalhymne: der *bacalhau*, der Stockfisch. Erinnerungen an die großen Seefahrerzeiten spielen dabei eine Rolle. Denn den wenig aromatischen Fisch zuzubereiten erfordert ebenso viele Mühen wie Zutaten. 365 Variationen soll es geben, für jeden Tag eine, das ist sicher übertrieben, aber über hundert sind es bestimmt. Einen Halben-Portion-Versuch sollte man riskieren. Das gilt auch für *açorda de mariscos*, ein Brotbrei mit Meeresfrüchten. Ursprünglich war es ein Armeleuteessen im Alentejo, heute hat es einen Platz unter Spezialitäten.

*Mariscos*, Krustentiere, haben auf den meisten Speisekarten eine eigene Rubrik und sogar spezielle Restaurants, die *marisqueiras*. Auch dort gilt: Achten Sie auf die Preise. Hummer *(lavagante)* und Langusten *(lagosta)* sind in Lissabon nicht billiger als bei uns, nur (meist) frischer. Eine preiswerte Alternative dazu sind *santola* und *sapateira*, Königskrebse beide, die mit Holzbrett und Holzhammer serviert werden. Der Gast arbeitet sich selbst durch Schale, Körper und Beine.

Für Gourmetabenteurer bieten sich *lulas recheadas* an, gefüllte Tintenfische. Auch *cataplana alentejana* ist einen Versuch wert. Dieses Gericht aus angebratenen Schweinefleischwürfeln und Muscheln *(amêijoas)* hat seinen Namen von der verschließbaren Kupferpfanne, in der es zubereitet wird. Schmeckt besser, als die Kombination von Schwein und Muscheln vermuten läßt.

*Azeite* ist jenes kaltgepreßte Olivenöl, das für alle Gerichte verwendet wird. Mediziner versichern, daß es sehr gesund sei. Wer aber den Geschmack nicht mag, soll sagen, daß sein Gericht *com manteiga*, mit Butter, zubereitet wird. Manchmal geschieht es dann auch.

Das wichtigste bei den Nachspeisen *(sobremesas)* sind die *doces*, die Süßspeisen, die für unsere Gaumen viel zu süß schmecken. Die Araber haben eben in vielem den portugiesischen Geschmack geprägt. Aber Lissabons süße Spezialität sollte man probieren: *pasteis de Belém* (Blätterteig-Tortelettes mit Sahnecreme). Sie gibt es zwar überall, aber nirgendwo so gut wie in der *Pastelaria de Belém*.

Alle, die eine Mahlzeit nach dem Motto »Käse schließt den Magen« beenden möchten, sollten *queijo da Serra* bestellen. Dieser Schafskäse wird nur in der *Serra da Estrela* hergestellt. Wichtig: Es muß der echte sein und nicht der nachgemachte *queijo tipo da Serra*. Beste Kontrollmöglichkeit: der Preis! Außer den normalen Gerichten wird in vielen Restaurants ein *Tourist Menue* angeboten. Das ist einfacher und auch billiger – aber selten seinen Preis wert.

Ein Essen ohne Getränk ist kein Essen. Jedenfalls nicht in Portugal. Als Aperitif wissen Kenner einen eiskalten, sehr trockenen weißen *Port* zu schätzen. Bei allen Getränkearten bietet Portugal Qualität. Das Bier *(cerveja)* ist ordentlich, die Tafel- und Mineralwässer gehören zur europäischen Spitzenklasse. Sie können wählen unter solchen mit Kohlensäure *(com gás)* und solchen ohne *(sem gás)*. Die Fruchtsäfte *(sumos)* sind inzwischen, was die Süße betrifft, mitteleuropäischem Geschmack angepaßt. Und die Weine? Eine Flasche Wein mittlerer Qualität — weiß *(branco)*, rosé *(rosado)* oder rot *(tinto)* — kostet in einem ordentlichen Restaurant 15 bis 20 Mark. Und die ist er auch wert. Übrigens: Hohes Alter ist bei portugiesischen Weinen nicht unbedingt mit hoher Qualität gleichzusetzen. Probieren Sie getrost den *vinho da casa*, den Hauswein. Ein guter Wirt weiß, was er anbieten muß, damit die Gäste wiederkommen. Viele bieten auch Weine in der *pipa* (offen) an. Wer rote Weine mag, ist mit einem *Colares*, einem *Douro* und solchen vom *Dão* gut bedient, bei Weißweinen kann man auch mal einen flachen Jahrgang erwischen.

Der Sommerhit ist der *vinho verde* (grüner = junger Wein). Er stammt aus dem Norden und wächst nur im *Minho*-Gebiet. Jung und gut gekühlt soll er getrunken werden. Zum Glück hat er weniger als 10 Prozent — der ideale Durstlöscher für heiße Tage, zumal einige Sorten leicht moussieren. Wer nach einem gehaltvollen Essen etwas Hochprozentiges mag, der hat die Wahl zwischen einem *medronho* (ein Schnaps aus den Früchten des Erdbeerbaums), einem *bagaço* (Tresterschnaps) oder einem *aguardente velha*, einem alten Weinbrand, von denen die Spitzenmarken den Vergleich mit französischen nicht zu scheuen brauchen — allerdings diesen auch im Preis kaum nachstehen.

Zum Schluß verlangen Sie *a conta*, die Rechnung. Auf der finden Sie die Position *IVA*. Das ist jedoch weder zum Beißen noch zum Schlucken, sondern nur zum Ärgern, es ist nämlich die Mehrwertsteuer. In Portugal beträgt sie satte 17 Prozent. Bedienungsgeld ist im Endbetrag enthalten, doch erwartet der Kellner von zufriedenen Gästen ein Trinkgeld, das etwa fünf Prozent des Rechnungsbetrages ausmachen sollte. Für Restaurants der guten Mittelklasse empfiehlt sich telefonische Reservierung durch den Hotelportier oder rechtzeitiges Hingehen.

Und noch etwas: Warten Sie in einem gepflegten Restaurant am Eingang, bis der Oberkellner Sie zu Ihrem Tisch führt. Zum Schluß noch dieses: Für Kellner gibt es kein direktes Wort. Man ruft ihn mit *faz favor* (gesprochen *fasch fawor* = bitte). *Obrigado* sagt der Herr, *obrigada* die Dame, wenn sie sich bedanken wollen. Und damit: *bom apetite!*

## CAFÉS

Cafés sind in Lissabon Institutionen, die alle Staatsformen überdauert haben und sich sogar von den Touristen nicht ihren typischen Charakter nehmen lassen. (Schon weil Portugiesen lieber innen im Kühlen als in der hei-

*Café A Brasileira: einstmals Treffpunkt von Literaten und Künstlern*

ßen Sonne auf der Straße sitzen.) Die berühmtesten sechs von ein paar hundert:

### Café A Brasileira (D 5)

Vor dem Café sitzt in Bronze gegossen der Schriftsteller Fernando Pessoa, so wie er zu Lebzeiten hier seinen *sumo* trank, was zwar Fruchtsaft heißt, aber ein Wasserglas voll Schnaps war. Ein Schnappschußpartner für Touristen. Drinnen hat die elegant verschlissene Jugendstilatmosphäre durch die Renovierung etwas von ihrem Charme verloren. *Terrasse bis 1997 wegen Metrobau geschlossen. Tgl. geöffnet, Rua Garrett 120, Metro: Rossio, dann Elevador Sta. Justa*

### Café Martinho da Arcada (D 5)

Lissabons ältestes Café. Vor über 200 Jahren wurde es eröffnet. Sein Spitzname *Haus des Schnees* ist eine Anspielung auf sein Zuckerschaumgebäck. *Rua da Prata/ Terreiro do Paço, Metro: Rossio*

### Café Nicola (D 4)

Hier stand schon vor 200 Jahren ein Café, das jetzige wird zur Zeit umgebaut. Snacks, Wein, Schnaps — alles konnte man bekommen. Erstaunlich, wie kühl und ruhig es auch an heißen Tagen im Café war. Zur Zeit ist es noch geschlossen, unter *Tel. 346 05 78* erfährt man, wann es wieder geöffnet ist. *Rua 1° de Dezembro 20, Rossio, Metro: Rossio*

## Kaffee hat viele Namen

Zwei Dinge braucht der Lissabonner: sein Café und seinen Kaffee. Portugiesischer Kaffee ist schärfer gebrannt als unserer. Dafür bürgen schon Brasilien und die ehemaligen Kolonien. Kaffee trinkt man in fünf verschiedenen Arten.

### Uma bica (ein Schluck)

eine kleine Tasse mit starkem Espresso. Oft und gern mit einem *aguardente* (Schnaps) oder *bagaço* (Trester) getrunken.

### Um carioca

die dünnere Ausgabe einer *bica*.

### Um garoto

eine kleine Tasse normaler Kaffee mit Milch.

### Uma meia de leite

eine große Tasse Espresso mit Milch.

### Um galão

ein größeres Wasserglas, halb mit Kaffee, halb mit Milch gefüllt.
Oder aber man bestellt eine sehr portugiesische Spezialität:

### Carioca de limão

eine kleine Tasse heißes Wasser mit Zitronenschale.

## Pastelaria de Belém (O)

Hier – nur hier – schmecken angeblich die Cremetörtchen *pasteis de Belém* so, wie sie schmecken müssen. Seit 150 Jahren wird hier dieses Gebäck hergestellt, das mit Zimt bestreut und warm serviert wird. Am besten mit einem Besuch des Kutschenmuseums verbinden. *Rua de Belém, 84, nahe dem Kloster Jerónimos, Bus 12, 14, 27, 28, 29, 43, Eléctrico 15, 16, 17 bis Praça Afonso de Albuquerque*

## Pastelaria Suiça (D 4)

Ein Gedränge von früh bis spät, als gäbe es alles umsonst. Kein Wunder: Ein Stuhl vor dem Café ist wie ein Platz in der ersten Reihe, um Lissabons Herz pulsieren zu sehen und zu hören. Dazu Kuchen, Torten, Gebäck — mindestens so süß wie bunt. *Rossio, Metro: Rossio*

## Café Versailles (O)

Sie sollten den Besuch eventuell mit der Besichtigung des Gulbenkian-Museums oder eines Stierkampfes verbinden. Es lohnt sich! Jugendstilinterieur, dazu flinke Männer hinter der Zehn-Meter-Bar, an der es Kuchen, Sandwiches, Kaffee, Bier und Spirituosen zu allen Tageszeiten gibt. *Av. da República, 15 a, Metro: Saldanha*

## RESTAURANTS

**T** = Terrasse

*Kategorie 1*
*(Essen für eine Person einschließlich Wein ca. 8500 Esc)*

## Adivinha Quem Vem Jantar (O)

Gemütliches Ambiente. Ordentliche Hausmannskost. *Tgl. außer So 12—15 u. 20—23 Uhr, Rua Fra-*

*desso da Silveira, 39, Tel. 6431 81, Eléctrico 15, 16, 17*

## Afira-te ao Rio (O)
★ Ein kleiner Ausflug mit der Fähre *(barca)* zum linken Tejo-Ufer *(ab Praça do Comércico oder Cais do Sodré)*. In *Cacilhas* (kennt jeder Lisboeta) ißt man in diesem Familienrestaurant Fisch und hat zusätzlich einen wunderbaren Ausblick auf Fluß und Hafen. *Tgl. außer Mo 10—22 Uhr, Tel. 275 13 80, keine 100 m hinter der Fährenstation Cacilhas, Fähre ab Cais do Sodré*

## Alcântara Café (B 4)
In diesem Restaurant mit Tanzentertainment am Abend kann man mittags gut und preiswert essen. Umrahmt von einer Eisenkonstruktion, einer meterlangen Reihe von Flaschen sowie echten Bäumen und falschen griechisch-römischen Skulpturen. *Rua Maria Luísa Holstein, 15, Sa u. So nur 20—1 Uhr, Tel. 363 71 76, Bus 20, 22, Metro: Anjos*

## Antigo Fartabrutos (C 4)
Früher hieß das Restaurant *Tavares Pobre*. Die Speisen kommen aus der Küche des *Tavares Rico*, wo die Gerichte teurer sind, weil — behaupten jedenfalls die Lissabonner — dort die Messer schärfer sind. Gutes Essen und dazu moderate Preise sowie einfaches Ambiente. *Tgl. außer So, Travessa da Espera 12.30—15, 19.30—23 Uhr, Tel. 342 67 56, Metro: Restauradores, dann Elevador da Glória*

## António Clara (O)
Nicht zu verwechseln mit dem Luxusrestaurant »Clara« (siehe unter »Gourmettempel« auf Sei-

te 52). Aber António Clara ist auch ein Restaurant der gehobenen Klasse. Es wird gute portugiesische Küche serviert. Spezialität: Fischgerichte und besonders gute Süßspeisen. *Tgl. außer So 13—2 Uhr nachts, Av. da República, 38, Tel. 796 63 80, Metro: Saldanha*

## Casa do Leão (E 4)
❧ Im *Castelo São Jorge*. Die Preise sind dem besten Panoramablick auf die Stadt angemessen. *Über der Alfama im Castelo São Jorge, Tel. 887 59 62, Eléctrico 28*

## Cervejaria da Trindade (D 4)
★ ☺ *Das* Bierlokal Lissabons. Einst war dies ein Kloster, und seine drei Räume waren die Haupt- und Seitenschiffe der ehemaligen Klosterkirche. Dazu ein schmaler, schattiger Garten mit Tischen. Fleisch oder Fisch, Wein oder Bier, ein volles Essen oder nur *tapas* (Vorspeisen) — hier stimmt alles, sogar (gerade noch) die Preise. Allein schon das Reinschauen lohnt. Hinter dem Acht-Meter-Tresen eine großartige Azulejowand aus dem 19. Jh. Wer einen Platz haben will, muß früh kommen. *Tgl. 9—2 Uhr, Rua Nova da Trindade, 20 c, Tel. 342 35 06, Metro: Restauradores, dann Elevador da Glória oder Eléctrico 20 bis Cais do Sodré*

## Chimarrão (F 1)
Brasilianische Küche. Der richtige Platz für alle, die Lust auf gegrilltes Fleisch haben. Hier steht *rodízio de carnes* auf der Karte. Wörtlich: Fleischsorten vom Mühlrad. Es kommen hintereinander so viele gegrillte Fleischstücke auf Ihren Teller, wie Sie mögen. *Tgl., Praça do Chile, 8 A, Tel. 847 65 67, Metro: Arroios*

# Die Gourmettempel von Lissabon

## Aviz (D 5)

Nobelrestaurant im Stil der Belle Époque in der 1. Etage. Schöne alte Azulejos im Aufgang. Nicht selten trifft man hier Regierungsvertreter. Internationale Küche. Spezialität: *bacalhau a la conde* (Kabeljau nach Grafenart). Mittags auch preiswertes Touristenmenü. Reservierung empfehlenswert. À la carte etwa 9500 Esc. *Tgl. außer Sa u. So 12—15 u. 19 bis 22.30 Uhr, Rua Serpa Pinto, 12 B, Tel. 3 42 83 91, Metro: Rossio, dann Elevador Sta. Justa*

## Casa da Comida (B 2)

Versuchen Sie eines der portugiesischen Gerichte, natürlich gibt es auch internationale Küche und mehrere gute Wildgerichte. Behagliche Atmosphäre. À la carte 8500 Esc. Unbedingt reservieren! *Tgl. außer Sa-Mittag u. So bis 1 Uhr, Travessa das Amoreiras, Tel. 3885376, Metro: Rotunda*

## Clara (D 3)

Elegant speisen in einer Fin-de-siècle-Villa. Kann sein, daß der deutsche Botschafter am Nebentisch sitzt, denn sein Amtssitz ist in unmittelbarer Nachbarschaft. Von den Vorspeisen bis zum Käse entspricht alles bestem internationalem Standard. Fragen Sie nach dem Whisky, »den der Papst trinkt«. Er stammt aus einer alten schottischen Familienbrauerei. À la carte ca. 10 000 Esc. *Tgl. außer So, Campo dos Mártires da Pátria, 49, Tel. 885 30 53, Metro: Avenida, dann Elevador da Lavra*

## Escorial (D 4)

Wer Schaltiere delikat zubereitet mag, ist hier am richtigen Platz. Nahe der Praça dos Restauradores. À la carte ca. 8500 Esc. *Tgl., Rua das Portas de Santo Antão, 47, Tel. 346 44 29, Metro: Restauradores*

## Gambrinus (D 4)

Fisch und Wild sind hier die Spezialitäten. Von außen macht der kulinarische Tempel keinen sehr einladenden Eindruck. Die Innenausstattung jedoch ist sehr gediegen. À la carte ca. 9000 Esc. *Tgl. 12—2 Uhr, Rua das Portas de Santo Antão, 23, Tel. 342 14 66, Metro: Rossio*

## Tavares (C 4)

Das bekannteste und älteste Luxusrestaurant der Stadt. Stuckdecken und erblindete Wandspiegel versetzen den Gast in eine vergangene Zeit, in der die Kellner noch weiße Handschuhe trugen. Die Rokokomöbel sind so berühmt wie des Küchenchefs »Silberbarsch à la Müllerin«. À la carte ca. 10 000 Esc. *Tgl. außer Sa u. So 12.30—15 u. 20—22.30 Uhr, Rua da Misericórdia, 37, Tel. 342 11 12, Metro: Rossio, dann Elevador Sta. Justa*

### Faz Figura (T)      (F 4)

★ Gutes Essen und ein herrlicher Blick über den Tejo. Deshalb bei Tageslicht hingehen und einen Tisch mit Aussicht vorbestellen. Wintergarten. *Tgl. außer So, Rua do Paraíso, 15 B, Tel. 886 89 81, Eléctrico 12*

### Frei Papinhas      (B 1)

★ Ein paar Stufen unter der Erde – ein Kellerrestaurant, wie man es sich für ein Dinner zu zweit wünscht: gedämpfte Beleuchtung, lautloser Service, portugiesische Gerichte, gut sortierter Weinkeller. *Oberhalb des Parque Eduardo VII. Rua D. Francisco Manuel de Melo, 32. Tgl. außer Mo, Tel. 385 87 57, Metro: Parque*

### Jardim Tropical do Ultramar    (O)

Für »Lissabon, Kulturhauptstadt Europas 1994« angelegt. Im Stadtteil Bélem beim Kutschenmuseum. Tropische Pflanzen und Vögel; man kann sich seinen Fisch selbst angeln. *Tgl. außer So, (Garage Rua de S. Jose) Av. da Liberdade, 144, Tel. 342 20 70, 346 88 39, Metro: Rotunda*

### Leão d'Ouro      (D 4)

★ ☺ Wer mittags einen Platz bekommt, ißt unter Lisboetas, meist Geschäftsleuten, rund um den Rossio. Trotz Wartesaalatmosphäre ist es aber nicht ungemütlich. Es gibt guten Hauswein. Neben dem Bahnhof Rossio gelegen. *So geschl., Rua 1° de Dezembro, 98, Tel. 342 61 95, 346 94 95, Metro: Rossio*

### Mercado do Peixe      (O)

Berühmtes Fischrestaurant. Die Gäste können sich hier selbst die Fische aussuchen. *12–16 u. 19 bis 24 Uhr, So- Abend u. Mo geschl.,* *Estrada do Casal Pedro Teixeira, Stadtteil Ajuda, Tel. 363 69 42, Bus 27*

### Museu do Traje (T)      (O)

★ Ein weiterer guter Grund, das Trachtenmuseum zu besuchen, ist dieses ausgezeichnete Restaurant im Park des *Palácio.* Auch Selbstbedienung am Buffet möglich. Tischreservierung notwendig. *Tgl. außer Mo 10–18 Uhr, Largo Júlio Castilho, Tel. 758 58 52, Bus 1, 3, 4, 7, 176, 36, Metro: Campo Grande*

### Ribadouro      (C 3)

Wer gern Fisch und Schaltiere ißt, findet hier große Auswahl. *Tgl. 9–2 Uhr, Av. da Liberdade, 155, Tel. 354 94 11, Metro: Avenida*

### Solmar      (D 3–4)

Spezialisiert auf Fisch, Krustentiere und Touristen! Wie alle Restaurants in der Eß- und Freßgasse Rua Portas de Santo Antão. Folgen Sie nicht den Schleppern, vergleichen Sie lieber die Preise und die Frische der Fische in den Auslagen. Im Restaurant ist der große Raum innenarchitektonisch geschickt gegliedert. Wer Schnecken mag, sollte *búzios* probieren, eine Art Seeschnecken. *Tgl. geöffnet, Rua Portas de Sto. Antão, 108, Tel. 342 33 71, Metro: Rossio*

### Tágide (T)      (D 5)

🐚 Portugiesische Küche und gute Weine. Einmalig schöner Blick auf den Tejo. Deshalb: unbedingt bei Tage hingehen und einen Tisch am Fenster bestellen. Besondere Spezialität: Huhn in Weinsoße. *Sa und So geschl., Largo Academia das Belas Artes 18, Tel. 342 07 20, Bus 100*

**Varina da Madragoa** (B 4)

In einem Stadtteil, in dem einst die Fischerfrauen lebten, gibt es seit einigen Jahren gut geführte Restaurants. Das *Varina* gehört eindeutig zu den besten. Echte portugiesische Atmosphäre. Spezialität: *bacalhau à Braz* (Stockfischstücke mit Eiern und Kartoffeln). Falls kein Platz mehr zu bekommen ist, gehen Sie nebenan ins *Mercearia*, es wird nämlich von derselben Familie geführt. *Di–Sa 12–15.30 u. 19.30–24 Uhr, Rua das Madres, 36, Santos, Tel. 396 55 33, Bus 39*

**Via Graça** (E 3)

★ ◁ Noch ein Geheimtip! Vorzügliche Küche, Weinkeller, Service und Blick zum Castelo. *So u. Sa mittags geschl., Rua Damasceno Monteiro 9 B, Tel. 887 08 30, Metro: Socorro*

*Kategorie 2*
*(Essen für eine Person mit offenem Wein ca. 6000 Esc)*

**A Severa** (C 4)

★ Abends ein Fado-Lokal für Touristen, mittags ein familiäres Eßlokal, in dem der Inhaber noch selbst kocht. *Do geschl., Rua das Gáveas, 51, Tel. 346 40 06, Eléctrico 24*

**Cais da Ribeira** (C 5)

★ ◁ Gemütliches Fischrestaurant mit Blick über den Tejo. Auch Tagesgerichte empfehlenswert. Portugiesische Gäste. Reservieren! *Tgl. außer So, Sa nur bis 15 Uhr, sonst 12–15 u. 19–24 Uhr, Armazem A. Cais do Sodré, Tel. 342 36 11, Metro: Rossio*

**Cortador** (O)

Ausgefallen: Der Weg ins Restaurant, das früher *O Lacerda* hieß, führt durch einen Fleischerladen. Ganz klar: Hier sind Fleischgerichte Trumpf, z. B. *bife à cortador*. An Wand und Decke hängen portugiesische Geräte und Gefäße. *So geschl., Av. de Berna, 36 A, Tel. 797 40 57, Metro: Picoas*

**Gargalhada Geral** (T) (E 4)

◁ Ein relativ neues und bestimmt das originellste Restaurant in der *Alfama*. Es gehört zu einer Zirkusartistin, die eine Zirkusschule mit Selbstbedienungs-

---

### Eine Dose ist keine Konserve

Auf der Speisekarte *(ementa)* stehen *sardinas assadas* – das Leibgericht der Portugiesen, ob jung oder alt, arm oder reich, Frau oder Mann. *Gegrillte Sardinen* sind in allen Gesellschaftsschichten beliebt. Aber hinter dem Gericht steht in Klammern *dose!* Das schreckt ernährungsbewußte Touristen ab. Wer mag schon gegrillte Konservensardinen?! Wer sie dann doch bestellt, bekommt zu den frisch gegrillten kleinen Fischen auch gleich ein wenig portugiesischen Sprachunterricht: *Dose* heißt nicht *Konserve*, sondern *Portion!* Während größere Fische per 100 Gramm auf der Karte angegeben werden, sind kleinere Fische mit Portion angegeben. Meist besteht eine Portion aus 8 bis 10 Sardinen. Übrigens: Am besten schmecken Sardinen im Juli und August. Kenner träufeln ein paar Tropfen Zitronensaft darüber.

buffet eröffnete. Empfehlenswert: das Restaurant im ersten Stock. Gute Küche und dazu ein grandioser Blick auf Lissabon. *Sa Mittag und So geschl., 19.30–2 Uhr, Rua Costa do Castelo 7, Tel. 888 18 24, Eléctrico 28*

### Passos Perdidos (A–B 4)

◉ *Verlorene Schritte* heißt dieses Restaurant. Ordentliche portugiesische Küche. Unter den Gästen viele Abgeordnete. *Sa u. So geschl., Rua Miguel Lupi, 2, Tel. 66 27 43, Bus 6, 49*

### Xêlê Bananas (B 3)

Ein bißchen exotisch, ein wenig verrückt wie der Name. Aber alles — auch das, was auf den Tisch kommt — zeugt von gutem Geschmack. Reservieren! *Tgl. außer So, Praça das Flores, 27, Tel. 395 25 15, Bus 6, 49*

*Kategorie 3*
*(Essen für eine Person mit Hauswein ca. 4000 Esc)*

### Bota Alta (C 4)

Zu deutsch: Hoher Stiefel. Das erklärt die umfangreiche Keramikstiefelsammlung an den Wänden. Portugiesische Küche »wie bei Muttern«. Immer voll, Kellner oft überfordert. Unbedingt reservieren. *Tgl. außer Sa Mittag u. So, Travessa da Queimada, 35, Tel. 342 79 59, Eléctrico 24*

### Cervejaria Portugália (F 1)

Zwei besondere Spezialitäten gibt es hier: das Bier vom Faß (das Lokal war vorher eine Brauerei) und die Steaks mit einer vorzüglichen Knoblauch-Sahne-Sauce. *Tgl. geöffnet, Av. Almirante Reis, 117, Tel. 352 00 02, Metro: Arroios*

### Córsega (O)

◉ Fest in portugiesischer Hand. Das heißt: viel Lärm, einiges Durcheinander, aber dafür vorzügliches Essen zu moderaten Preisen. Ein Problem gibt es: Man muß das Lokal erst einmal finden. Es liegt etwas am Stadtrand, in *Benfica* nördlich des *Parque Florestal de Monsanto. Estrada de Benfica, 717, Tel. 760 44 15, Bus 16*

### Mercado de Santa Clara (F 4)

◉ Mitten im Flohmarkt liegt dieses Restaurant, in dem Diplomaten und Händler auf Tuchfühlung sitzen. Typisch portugiesische Küche. *12.30–14.30 u. 19.30–22.30 Uhr, Mo u. So-Abend geschl., Tel. 887 39 86, Mercado Porta (Tür), 7, Eléctrico 28*

### O Conventual (B 3)

Der Chef dieses kleinen Restaurants (50 Plätze) ist eine Frau. Das merkt man am liebevollen Ambiente mit vielen Holzschnitzereien aus Klöstern, aber auch an der Speisekarte (geräucherter Aal, Ente in Weinsauce mit Paprika u. a.) und den guten Weinen (ca. 7000 Esc). *12.30–15.30 u. 19.30–23 Uhr, Sa u. So geschl., Reservierung notwendig. Praça das Flores, 45, Tel. 60 91 96, Bus 39*

### Pile ou Face (C 4)

Was auf portugiesisch *caras ou coroa* und auf deutsch *Kopf oder Zahl* heißt, ist der ungewöhnliche Name für ein außergewöhnlich angenehmes Restaurant hinter einer unauffälligen Fassade. Die Gerichte — sowohl mitteleuropäisch als auch portugiesisch — sind frisch und geschmackvoll, für Freunde guter Desserts ein Paradies. *Tgl. ab 20 Uhr, Rua da Barroca, 70, Tel. 342 85 88, Eléctrico 24*

# Shopping mit Pfiff

*Einkaufen in Lissabon ist mehr als Warenerwerb.*
*Mit Zeit und Spaß kann es zum Erlebnis werden —*
*für Käufer und Verkäufer*

Shopping in Lissabon ist etwas anderes als Einkaufen in anderen Großstädten. Nicht nur, weil in den alten Geschäften oft das Interieur mindestens so sehenswert ist wie die angebotene Ware, sondern auch, weil in guten Geschäften Verkäufer (und vor allem Verkäuferinnen) wissen, daß Kaufen eine Angelegenheit ist, die Zeit erfordert und von vielen Seiten überlegt sein will. Das beginnt mit dem bereitwilligen Zeigen aller Artikel, die etwa in Frage kommen könnten, und endet frühestens beim ebenso liebevollen wie umständlichen Verpacken. Das gilt natürlich nicht für die Shopping-Center, in denen die Ladenkassen von morgens bis Mitternacht surren, meist auch sonntags. Normale Geschäfte haben von Montag bis Freitag zwischen 9 und 12 Uhr sowie 15 und 19 Uhr geöffnet. Am Sonnabend viele bis 18 Uhr.

Die meisten Geschäfte sind am *Rossio*, in der *Baixa*, am *Chiado* und in der *Avenida de Roma* kon-

zentriert. Für Textilien und Bekleidung ist die *Rua dos Fanqueiros (Baixa)* der richtige Bezirk. ★ Wer auf preisgünstige Angebote aus ist, sollte sich um die *Praça de São Paulo* umsehen.

Auf Märkten kann man versuchen zu handeln, in Geschäften wird man damit kaum Erfolg haben. Kreditkarten werden fast überall genommen. Preise wie Qualität variieren stark. So muß man bei Schnäppchen darauf achten, daß die wollene Fischerjacke wirklich aus Wolle ist und die Lederhandschuhe wirklich aus Leder. Dies gilt nicht für Gold. Portugal hat eine strenge Goldkontrolle, mindestens 18 Karat sind Vorschrift, meist haben die Stücke sogar 19 Karat. Da Handarbeit (noch) billiger ist als bei uns, lohnt sich ein Blick in die Schmuckgeschäfte, die meisten sind in der *Rua da Prata* und der *Rua Auréa*.

Portugal ist nicht mehr das Oh-wie-billig-Land, die Aufnahme in die EU hat da für Ausgleich gesorgt. Preisgünstiger als bei uns sind aber immer noch Lederwaren, vor allem Schuhe. Das gilt auch für italienische und französische Marken, weil diese in Portugal hergestellt werden. Und natürlich landeseigene Pro-

*Flohmärkte, wie beispielsweise die Feira da Ladra, sind eine Fundgrube für Touristen: antike Raritäten neben wertlosem Kitsch. Es darf gehandelt werden!*

dukte wie Azulejos, Töpferarbeiten, Stickereien, Kupfer-, Kork- und Korbarbeiten und Portwein. Wem der rote zu süß ist, der sollte einmal den trockenen weißen *(muito seco)* probieren, der eisgekühlt getrunken wird. Auch eine Flasche *Aguardente Velha* (wörtlich: Altes brennendes Wasser), der portugiesische Weinbrand, ist ein gutes Mitbringsel. Als Nachklang zum Urlaub eine Fado-CD oder -Kassette — kein Problem, in guten Geschäften können Sie probehören. Und das sollten Sie tun — es ist ein Unterschied, ob man Fado in einer Kneipe nachts um zwei hört oder in den eigenen vier Wänden, in denen man viel kritischer lauscht.

## ANTIQUARIATE

Gerade in Lissabon kann man auch heute noch besondere Raritäten entdecken.

### Livraria Barateira (D 4)
*Rua Nova da Trindade, 16, Metro: Restauradores, dann Elevador da Glória oder Eléctrico 20 bis Cais do Sodré*

### Livraria Camões (C 4)
*Rua da Misericórdia, 173, Metro: Restauradores, dann Elevador da Glória oder Eléctrico 20 bis Cais do Sodré*

### Livraria Olisípio (C–D 4)
Bücher, Stiche, Landkarten (handeln!). *Largo Trindade Coelho, 7, Eléctrico 20, Metro: Rossio*

# MARCO POLO TIPS FÜRS SHOPPING

**1 Solar da Vinho do Porto**
Erst in Ruhe probieren und danach auswählen (Seite 62)

**2 Ourivesaria Aliança**
Schmuckstücke in einem Geschäft, das schon selbst als ein Schmuckstück gilt (Seite 62)

**3 Valentim de Carvalho**
CDs, Bücher, Platten und Kassetten aller Richtungen (Seite 62)

**4 Lavores**
Bettwäsche wie ein Traum aus alten Zeiten (Seite 63)

**5 Madeira House**
Viele schöne Stickereien von der Insel Madeira (Seite 63)

**6 Livraria Buchholz**
Eine deutschgeführte gute Buchhandlung (Seite 60)

**7 Amoreiras Shopping Center**
Alles! — von früh bis Mitternacht (Seite 63)

**8 Ana Salazar Moda**
Erste Wahl in Portugals Damenmode (Seite 59)

**9 Casa das Cortiças**
Alles, was man aus Kork machen kann (Seite 61)

**10 Praça de São Paulo**
Textilien und Schuhe — eine Straße mit preisgünstigen Angeboten zuhauf (Seite 57)

**11 Feira da Ladra**
Ein Flohmarkt zum Stöbern (Seite 61)

## ANTIQUITÄTEN

Die meisten Geschäfte findet man in der *Rua São José* und der *Rua Dom Pedro V.*

**Abside** (C 4)
Möbel, Kacheln, Gemälde. Qualität, entsprechend hoch sind die Preise. *Travessa dos Fiéis de Deus, 14–16, Metro: Rossio*

**Portico** (C 4)
Dekorative Türgriffe in unendlicher Vielfalt. *Rua da Misericórdia, 37, Metro: Restauradores, dann Elevador da Glória oder Eléctrico 20 bis Cais do Sodré*

## APOTHEKEN

Es gibt viele *farmácias* in Lissabon und oft sind die Medikamente billiger als bei uns. Welche Apotheke gerade Dienst hat, erfährt man unter Tel. 118.

**Farmácia Azevedo,
Irmão & Veiga** (C 4)
Apotheke mit verschnörkelten Holzschränken und Stuckdecke. Auch wenn man nichts braucht, lohnt sich ein Blick! *Rua da Misericórdia, 24, Metro: Restauradores, dann Elevador da Glória oder Eléctrico 20 bis Cais do Sodré*

## ARRAIOLOS – TEPPICHE

**Casa Quintão** (D 5)
Das bekannteste Geschäft für Arraiolos-Teppiche. *Rua Ivens, 30, Metro: Rossio oder Eléctrico 20 bis Cais do Sodré*

**Trevo** (O)
Hier werden Sie gut beraten. *Av. Oscar M. Torres, 33 a, Metro: Campo Pequeno*

## BEKLEIDUNG

Die Auswahl für die Damen ist größer und interessanter als für Herren. Die besten Gegenden sind die *Baixa*, der *Chiado* und neuerdings die *Avenida de Roma*.

**Ana Salazar Moda**
★ Dieses Geschäft ist führend in der Damenmode und nach Portugals Modeschöpferin Nr. 1 benannt. *Av. de Roma, 16 (O), Metro: Roma und Rua do Carmo, 87 (D 4), Metro: Rossio*

**Casa Africana** (D 4–5)
bietet *Haute Couture* zu erträglichen Preisen. *Rua Augusta, 161, Metro: Rossio*

**Eldorado** (C 4)
Secondhandmode der 50er und 60er Jahre, lustig! *Rua do Norte, 25, Metro: Rossio*

**Loja Branca** (B 3)
Modische Boutique mit sehr viel Pfiff. *Praça das Flores, Metro: Rossio, Bus 100*

**Parfois** (O)
Eine Boutiquenkette mit zehn Filialen. *Av. da República, 44 a, Metro: Saldanha, Bus 32*

**Loja Das Meias** (D 4)
Damenoberbekleidung, Accessoires, Taschen und Dessous. *Rua Augusta, Ecke Rossio, Metro: Rossio* und *(C 2)* bei der *Praça Marquês de Pombal, Metro: Rotunda*

## BLEIKRISTALL

Dieses Kristall steht in Portugal noch in hohem Ansehen. Die beste Qualität kommt aus den Hütten von *Alcobaça*. Deren Erzeugnisse vertreibt die Firma erfolgreich im ganzen Land.

## Atlantis (A 1–2)

Eigener Laden mit der Nummer 1067 im Shopping Center Amoreiras. *Metro: Rotunda, Bus 23, 29 (Richtung Sintra)*

## Chave de Prata (D 4–5)

Nicht nur Kristall, auch Keramik erhältlich. *Rua da Prata, 176, Metro: Rossio*

### BRIEFMARKEN FÜR SAMMLER

## CTT (O)

Beratung für Briefmarkensammler. Eine Einrichtung der portugiesischen Post. *Av. Casal Ribeiro, 28, Metro: Picoas*

### BUCHHANDLUNGEN

Zwischen der *Rua do Carmo* und der Rua *Nova do Almada*, aber auch im *Bairro Alto* sind die meisten. Ausländische Ausgaben fast nur in Englisch. Eine Ausnahme bilden die Buchhandlungen:

## Livraria Buchholz (C 2)

★ Beratung in deutsch, auch CDs. *Rua Duque de Palmela, 4, Metro: Rotunda, Bus 20, 22, 27, 38, 49*

## Livraria Portugal (D 4–5)

Ein Paradies für Bücherwürmer à la Spitzweg. *Rua do Carmo, 70, Metro: Rossio*

### CAMPING – SPORT

## Socidel (D 5)

*Rua Nova do Almada, 49, Metro: Rossio*

### HANDSCHUHE

## Luvaria Ulisses (D 4–5)

In diesen Lilliput-Laden muß man einfach einmal reinschauen.

---

### Zerbrechlich und typisch

In der ganzen Welt werden die meist blau-weißen Kacheln (*Azulejos*) als portugiesische Spezialität geschätzt. Diese Kachelherstellung kam mit den Mauren nach Portugal. Am ehesten ist sie mit Delfter Kacheln zu vergleichen. Oft sind selbst in armen Dörfern ganze Kirchen und Häuserfassaden damit verziert. Solche alten *Azulejos* sind ebenso selten wie teuer. Erst seit den 70er Jahren malen und brennen moderne Künstler wieder ornamentale Motive. Ein typisches Souvenir. Es muß ja nicht gleich eine ganze *Azulejo*-Wand sein, auch einzeln als Untersetzer sind diese Kacheln hübsch und nützlich.
Weitere portugiesische Töpferwaren:

**Barro:**

Töpferwaren aus schlichtem, erdfarbenem Ton. Die Qualitätsunterschiede entstehen einerseits durch die Dauer der Brennzeiten, andererseits durch die Brenntemperaturen.

**Fayence:**

Töpferwaren aus hochwertigem, weißem Ton.

**Vista Alegre:**

ein gutklassiges portugiesisches Porzellan.

Handschuhe nach Maß. *Rua do Carmo, 87, Metro: Rossio*

## KERAMIK UND AZULEJOS

Siehe auch *Fábrica da Sant' Anna* und *Fábrica de Cerâmica Viúva Lamego* (beide Seite 22).

**Albuquerque e Sousa** (C 3–4)
Große Auswahl antiker Kacheln aus dem 17. bis 20. Jh. Das Geschäft ist einen Besuch wert, auch wenn man nur mal schauen will. *Rua Dom Pedro V, 68–70, Metro: Restauradores*

**Peça a Peça** (A 1–2)
Von der edelsten Fayence bis zum Azulejo-Steingut. *Shopping Center Amoreiras, Laden Nr. 2036 (2. Stock), Metro: Rotunda, Bus 23, 29 (Richtung Sintra)*

**Vista Alegre**
Der Name der bekannten Keramik ist auch der einer Ladenkette mit Filialen am *Largo do Chiado, 18* (**C–D5**), in der *Rua Ivens* (**D 5**), *54; Rua Castilho* (**B–C 1–2**), *39; Avenida da Igreja, 4f,* (**O**), *Shopping Center Amoreiras* (**A 1–2**), *Laden Nr. 2028* und *Shopping Center Imaviz, Avenida Fontes Pereira de Melo* (**C–D 1**), neben dem *Sheraton*) und am Flughafen (**O**).

## KORKSPEZIALITÄTEN

**Casa das Cortiças** (C 3)
★ *Rua Escola Politécnica, 4*

## KUNSTHANDWERK

**Artesanato** (C 2)
Kupfer, Messing, Töpferwaren. Nichts Besonderes. *Rua Castilho, 67, Metro: Rotunda*

## LEDERWAREN

**Sapataria Charles** (D 4)
Filialen im ganzen Land. Qualitätsschuhe. *Rua Augusta, 275 A, Metro: Rossio*

**Versailles** (D 4)
Lederwaren groß und klein. *Rua de Santa Justa, 96, Metro: Rossio*

## MÄRKTE

Auf den Markt zu gehen ist in Portugal noch immer Pflicht und Freude der Hausfrauen. Das gilt auch für Lissabon, wo jeder Stadtteil seinen eigenen Markt für Obst, Gemüse, Käse und Wurst hat. Sehenswert:

**Cais do Sodré** (C 5)
Obst- und Gemüsemarkt direkt vor dem Bahnhof, von dem die Züge nach Estoril und Cascais fahren.

**Feira da Ladra** (F 4)
★ Dienstags und samstags von 9 bis 18 Uhr findet auf dem *Campo de Santa Clara* links hinter der Kirche *São Vicente* die *Feira da Ladra* statt, der *Markt der Diebin*. So genannt, weil hier einst die Sore, die Diebesbeute, verhökert wurde. Heute ist es ein normaler Flohmarkt, interessant für Touristen, denn in Portugal haben Dinge überlebt, die bei uns längst auf dem Sperrmüll oder bei Antiquitätenhändlern gelandet sind. Neben vielem wertlosen Krimskrams kann man durchaus auf interessante Einzelstücke stoßen. Doch die Berufshändler kennen die Preise genau! Ein Tip: Nehmen Sie sich Zeit zum Handeln und zum Wühlen unter den Stößen alter

Bücher auf den Tischen der *livrei-ros* (Buchhändler). *Eléctrico 28*

## Mercado da Ribeira Nova (C 5)

Unten am Tejo gleich neben dem Bahnhof Cais do Sodré. Die große Markthalle aus dem Jahre 1902 zeigt arabische Einflüsse. Hier bieten die Bauern der Umgebung ihre landwirtschaftlichen Erzeugnisse an. *Aber nur von 6–13 Uhr, So geschl.*

## Rua de São Paulo (C 5)

Fischmarkt unter freiem Himmel. Dienstags bis samstags wird hier verkauft, was im Tejo oder im Meer gefangen wurde. In den umliegenden Kneipen bekommt man frische *caldeirada* (portugiesische Fischsuppe) und saftig gegrillte Sardinen. *Mo geschl.*

Und nebenbei bemerkt: Die *Rua de São Paulo* ist die sündige Meile Lissabons. *Bus 1, 44, 45 bis Cais do Sodré*

## PORTWEIN

## Solar da Vinho do Porto (C 4)

★ Probierstube mit Kaufmöglichkeit aller Marken. Für Last-Minute-Käufer: auch im Flughafen gibt es einen Portwein-Kiosk. *Rua de São Pedro de Alcântara, 45, Metro: Restauradores, dann Elevador da Glória oder Bus 15 oder Eléctrico 20*

## SCHALLPLATTEN

## Discoteca do Carmo (D 4–5)

*Rua do Carmo, 63, Metro: Rossio*

## Discoteca Universal (D 4–5)

Fachgeschäft, in dem Sie gut beraten werden. *Rua do Carmo, 51 ç, Metro: Rossio*

## Valentim de Carvalho (D 4)

★ Platten, CDs, Kassetten, Bücher – das größte Fachgeschäft. *Rossio, 57, Metro: Rossio*

## Discoteca Roma (O)

Spezialisiert auf Klassik und Jazz. *Auch Sa abends geöffnet, Av. Roma, 20, Metro: Roma*

## SILBER, GOLD UND SCHMUCK

Viele kleine Geschäfte, hauptsächlich in der *Rua Fanqueiros*, der *Rua da Prata*, der *Rua do Ouro* und der *Rua Augusta*.

## Elói de Jesus (D 5)

Schöne Filigranarbeiten in Silber. *Rua Garrett, 45, Metro: Rossio, dann Elevador Sta. Justa*

## Ourivesaria Aliança (D 5)

★ Nicht nur die Schmuckstücke, auch das Geschäft ist sehenswert. *Rua Garrett, 50, Metro: Rossio, dann Elevador Sta. Justa*

## STICKEREI, HÄKELARBEITEN, SPITZEN

Außer den weltberühmten Spitzen der Insel *Madeira* schätzen (nicht nur) portugiesische Hausfrauen auch die Spitzen von den Azoren sowie aus *Peniche* und *Vila do Conde*. Doch verdrängen auch hier maschinell gefertigte Stücke mehr und mehr die handgearbeiteten. Bevorzugen Sie Spezialgeschäfte!

## Casa de Bordados Ilha Verde (D 4)

Spezialitäten: Stickereien von den Azoren, den Kapverden und die Renda-de-Peniche-Spitze. *Rua Paiva de Andrade, 4, Eléctrico 24, Bus 58, 100*

*Amoreiras Shopping Center de Lisboa: bis 24 Uhr geöffnet*

**Lavores** (**D 4–5**)
★ Handbestickte Bettwäsche und gehäkelte Tischdecken. *Rua Aurea, 175–179, Metro: Rossio*

**Madeira House** (**D 4–5**)
★ Handarbeiten von der Insel Madeira. *Rua Augusta, 131*

**Galerias Sesimbra** (**B–C 1**)
*Agulha*-Wandteppiche. *Rua Castilho, 77, Metro: Rotunda*

### SUPERMÄRKTE, EINKAUFS-ZENTREN, KAUFHÄUSER

**Amoreiras Shopping Center de Lisboa** (**A 1–2**)
★ Der 1983 erbaute Hochhauskomplex ist ein Magnet für die Lissabonner. Vielleicht weil er so gar nichts Portugiesisches hat. *Tgl. bis 24 Uhr geöffnet (mit Tourismusinfo), Rua Duarte Pacheco, Metro: Rotunda, Bus 23, 25, 29*

**Cantinho Regional** (**A 1–2**)
Hausgemachte Lebensmittel werden ebenfalls im Amoreiras Shopping Center, *Laden 3054-3056*, verkauft.

**Manteicaria Londrina** (**C 3**)
Portugiesische Spezialitäten. *Rua das Portas de Santo Antão, 55, Metro: Restauradores*

**Mercado** (**D 4**)
Im alten Gemäuer moderner Supermarkt. *Praça da Figueira, 10 B, Metro: Rossio*

**Rossio-Bahnhof** (**D 4**)
✪ Im Obergeschoß der *Estação Central*. Die Geschäfte sind tgl. bis 24 Uhr geöffnet. *Metro: Rossio*

**Supermercado Expresso** (**D 4**)
*Tgl. bis 23 Uhr, So bis 21 Uhr, Rua Jardim do Regedor, 34–36, Metro: Rossio*

### TABAK

**Tabacaria Mónaco** (**D 4**)
✪ Seit 1894 werden hier Tabakwaren und Zeitschriften verkauft. *Rossio, 21, Metro: Rossio*

# Traumhaft schlafen

*Glücklich, wer ein Bett sein eigen nennt — noch glücklicher,*
*wer ein ruhiges Zimmer bekommen hat*

Lissabon ist (fast) immer ausgebucht. Von Luxusherbergen bis zu knoblauchduftenden Pensionen.

Die offizielle Einstufung der portugiesischen Hotels in 5 Klassen — von 1 bis zu 5 Sternen — folgt zwar internationalen Normen, stiftet aber wie meist, wenn die portugiesische Bürokratie tätig wird, mehr Verwirrung als Klarheit. So kann z. B. eine 4-Sterne-Pension besser sein als ein 3-Sterne-Hotel, von den Zwischeneinstufungen in *Estalagem, Residencial, Motel, Albergaria* ganz zu schweigen. Diese Bezeichnungen sind keine Wertmaßstäbe. Deshalb: Nicht abschrecken lassen, wenn eine Unterkunft nicht als Hotel, sondern *nur* als *Estalagem* oder *Residencial* geführt wird. Allerdings: Pensionen mit nur einem Stern sollte man vergessen. Grundsätzlich gilt: Ziehen Sie bei 4- bis 3-Stern-Klassifizierung — ganz gleich, ob für Hotel, Pension o. a. — immer einen Stern ab, dann haben Sie mitteleuropäischen Standard.

Was für die Leistungen gilt, stimmt auch bei den Preisen. Sie liegen — Luxushotels ausgenommen — etwas unter mitteleuropäischem Niveau. Die Übernachtungspreise müssen im Zimmer gut sichtbar angebracht sein. Bei 17 Prozent Inflationsrate und variierenden Wechselkursen steigen sie permanent. Die hier genannten Übernachtungspreise entsprechen den Angaben Mitte 1996. Im Sommer sind die Preise ca. 15 Prozent höher. Trotz vieler Hotelneubauten fehlen in Lissabon Betten, denn nicht nur die Touristen haben die Stadt entdeckt, sondern auch die Kongreßveranstalter. Ein anständiges Zimmer in den Monaten Mai bis Oktober zu finden wird zum Problem, wenn Sie nicht reserviert haben.

Wer ohne Hotelreservierung nach Lissabon kommt, sollte sofort am Flughafen oder im *Palácio Foz* an der *Praça dos Restauradores* in das Tourismusbüro gehen. Dort wird garantiert englisch, oft auch deutsch gesprochen, und die reizenden Lisboetas versuchen, für jeden Bett und Unterkunft zu finden. Aber auch in Portugal dauern — trotz Fátima — Wunder etwas länger. Und nicht immer entspricht das, was man dann nehmen muß, den eigenen Vorstellungen. Das meist spartanisch-dürftige Frühstück ist im Zimmerpreis enthalten. Wird

*Traumhafter Ausblick auf Lissabon*
*aus dem Meridien Lisboa*

## MARCO POLO TIPS FÜR HOTELS

**1 Estalagem do Fundador**
Außerhalb in Estoril mit
Außenschwimmbad
(Seite 70)

**2 Albergaria Senhora do Monte**
Ruhig, mit großartigem
Blick auf Lissabon
(Seite 67)

**3 Hotel Tivoli Jardim**
Lautloser Service, schönes
Ambiente (Seite 67)

**4 Pensão Residência York House**
In einem ehemaligen Konvent. Portugiesische Möbel, französische Küche, englisch sprechende Gäste (Seite 67)

**5 Pensão Residência Roma**
Geheimtip unter Deutschen in Portugal. Deshalb
reservieren! Mäßiges
Frühstück, aber ruhig
(Seite 70)

**6 Hotel Diplomático**
In der Stadtmitte und
doch ruhig. Das hat
seinen Preis (Seite 69)

**7 Berna (Residencial)**
Gut geführt und mit
ruhigen Zimmern
(Seite 70)

**8 Hotel Príncipe Real**
Wenige Zimmer, aber
gepflegt. Mit schönem
Blick auf Stadt und Burg
(Seite 69)

ein Zusatzbett in einem Zimmer aufgestellt, darf der Zimmerpreis um maximal 30 Prozent erhöht werden. Wer Grund zur Beschwerde hat, kann das *Livro das reclamações* verlangen.

Auf den folgenden Seiten sind geprüfte Übernachtungsmöglichkeiten in drei Preisgruppen aufgeteilt: Preisgruppe A für höhere Ansprüche, Preisgruppe B für gutes Mittelmaß und Preisgruppe C für einfache Ansprüche. Eine typisch portugiesische Übernachtungsmöglichkeit ist in diesen Hotellisten nicht erwähnt: die in *pousadas*, jenen vom Staat betriebenen Rasthäusern, die sehr zu empfehlen sind, von denen es jedoch in Lissabon keine gibt. Wer aber in der weiteren Umgebung bleibt und nur Stippvisiten in die Hauptstadt plant,

sollte versuchen, ein Zimmer in einer *pousada* zu bekommen, aber außer Haus essen. Noch ein Tip: In der Vor- und Nachsaison und über Wochenenden gibt es in allen Preisklassen Nachlässe. Aber nur, wenn man fragt! Die Preise gelten für zwei Personen in einem Doppelzimmer.

### HOTELS PREISGRUPPE A

(für Anspruchsvolle um 20 000 Esc und mehr)

**Continental (Residencial)  (O)**
Mit 220 Zi. ganz funktionell, aber wirklich auch nur dieses. Der Preis ist mit 18 000 Esc zu hoch. Als Notanker, wenn nichts anderes mehr frei ist. *Rua Laura Alves, 9, Tel.* 793 61 62, *Fax* 793 41 31, *Metro: Campo Pequeno, Bus* 27, 32, 49

### Fénix (Hotel) (C 1–2)

Am Tage laut, aber schöne Zimmer mit hübschem Blick auf die *Av. da Liberdade*. 114 Zi., Nightclub, DZ 20 000 Esc. *Praça Marquês de Pombal, 8, Tel. 386 21 21, Fax 386 01 31, Metro: Rotunda, Bus 20, 22, 27, 38, 49*

### Flórida (Hotel) (C 2)

Typisches Geschäftshotel. Sauber, aber ohne besonderen Service. 108 Zi., DZ 18 000 Esc. *Rua Duque de Palmela, 32, Tel. 357 61 45, Fax 354 35 84, Metro: Rotunda, Bus 20, 22, 27, 38, 49*

### Lisboa (Hotel) (C 2)

Zentral gelegen, aber die wenigen Zimmer (61) sind trotzdem erfreulich ruhig. DZ 25 000 Esc (Reduktion möglich). *Rua Barata Salgueiro 5, Tel. 355 41 31/4, Fax 355 41 39, Metro: Avenida*

### Hotel Penta (O)

Im Penta-Stil, etwas außerhalb. Zwischen *Entrecampos* und *Benfica*, gleich neben der amerikanischen Botschaft. Vorzügliche Küche. 588 Zi., DZ 20 000 Esc, Garage frei. *Av. dos Combatentes, Tel. 726 40 54, Fax 726 42 81, Metro: Palhavã, Bus 16, 30, 34*

### Hotel Rex (C 2)

Neben den bekannten Luxusherbergen Ritz und Meridien hält dieses Hotel auf einem niedrigeren Niveau einen wirklich guten Standard. 41 Zi., DZ 25 100 Esc. *Rua Castilho, 169, Tel. 388 21 61, Fax 388 75 81, Metro: Rotunda, Bus 20, 22, 38, 49*

### Sofitel Hotel (C 3)

Gehört zu einer weltweiten Hotelgruppe. Schöner Blick über die Avenida, gute Küche, Garage, gelegentlich Kongresse. 170 Zi., DZ 35 000 Esc. *Avenida da Liberdade, 123, Tel. 342 92 02, Fax 342 92 22, Metro: Avenida*

### Hotel Tivoli Jardim (C 2–3)

★ Unter gleicher Leitung wie das 5-Sterne-Tivoli und ganz in der Nähe von diesem. Angenehmes Ambiente und angenehmer Service. 119 Zi., DZ 28 000 Esc. (Wochenende 19 500 Esc). *Rua Julio Cesar Machado, 7–9, Tel. 353 99 71, Fax 355 65 66, Metro: Avenida, Bus 1, 2, 36, 44*

### Pensão Residência York House (A 5)

★ Dieses traditionsreiche Haus in einem alten Konvent rangiert *nur* als Pension. Wer es sich leisten kann (und dazu noch rechtzeitig vorbestellt), sollte in diesem englisch geführten Haus mit portugiesischen Möbeln und französischer Küche wenigstens eine Nacht wohnen. Viele amerikanische und japanische Gäste. Versuchen Sie, ein Zimmer nach hinten zu bekommen. 46 Zi., DZ 32 000 Esc. *Rua das Janelas Verdes, 32, Tel. 396 24 35, Fax 397 27 93, Bus 38, 40, 49*

### HOTELS PREISGRUPPE B

(für mittlere Ansprüche um 15 000 Esc)

### Albergaria Senhora do Monte (Residencial) (E 3)

★ Nahe der Alfama. Aus den meisten Zimmern sehr schöner Blick auf die Stadt. Aufpreis für Zimmer mit Terrasse lohnt. 27 Zi., DZ 17 500 Esc. *Calçada do Monte, 39, Tel. 886 60 02, Fax 887 77 83, Eléctrico 28*

# Lissabonner Luxushotels

**Alfa Lisboa** (O)
Ein Haus der spanischen HU-SA-Hotelgruppe. Näher zum Flughafen als zur Stadtmitte. Komfortable Zimmer. Kein Friseur, aber Schwimmbad. *404 Zimmer und Suiten.* DZ um 17000 Esc, Frühstück extra (Nähe Praça de Espanha). *Av. Columbano Bordalo Pinheiro, Tel. 726 27 28, 726 26 26, Fax 726 30 31, Metro: Sete Rios, Bus 16, 26, 30, 31, 46*

**Hotel Albatroz** (O)
Elegantes 5-Sterne-Hotel in einem königlichen Sommerhaus aus dem 19. Jahrhundert. Im ruhigen (!) Zentrum von Cascais mit direkter Zuganbindung nach Lissabon. Direkt am Meer, herrliche Terrasse. *40 DZ, 21000–42000 Esc. Pool, Restaurant, Bar. Cascais, Frederico Arouca 100, Tel. 483 28 21, 482 28 21, Fax 484 48 27, Vorortzug nach Cascais ab Cais do Sodré*

**Hotel da Lapa** (O)
Neu unter den Luxushotels. Im ruhigen Diplomatenviertel. Mit Pool und Park. *94 Zi., DZ ca. 30000 Esc (Frühstück extra), Rua do Pou de Bandeira, 4, Tel. 395 00 05/6, Fax 395 06 65/ 66, Bahnhof: Santos*

**Lisboa Sheraton e Towers** (D 1)
Ideal für Geschäftsreisende. Luxuriös, unportugiesisch. Mit einem Außen- und Innenschwimmbad. Friseur, Night-club, Health-Club. *390 Zimmer. DZ 36 000 Esc. Rua Latino Coelho 1, Tel. 357 57 57, Fax 364 71 64, Metro: Picoas, Bus 21, 36, 38, 44, 49*

**Méridien Lisboa** (C 2)
Viel Glas in der Fassade. 18 Etagen, Kabel-TV. Schöner Blick auf den Park Eduardo VII. *317 Zimmer. DZ 23000 Esc. Rua Castilho, 149, Tel. 383 09 00, 69 09 00, Fax 387 03 04 00, Metro: Rotunda*

**Hotel Ritz
Inter-Continental** (B 1)
Trotz vieler neuer Hotels immer noch die Nr. 1. Auch ohne den schon lange versprochenen Innenpool. Lage, Blick, Zimmer, Service — alles stimmt. Gepflegter Nightclub. *290 Zimmer und Suiten.* DZ 30—35 000 Esc. *Rua Rodrigo da Fonseca, 88, Tel. 385 75 23, Fax 383 17 83, Metro: Rotunda, Bus 2, 3*

**Hotel Tivoli** (C 2)
Direkt an der *Av. da Liberdade* gelegen. Großes, gepflegtes Haus. Viele Stammgäste, die den Service — eine gelungene Mischung aus leiser portugiesischer Höflichkeit und Weltläufigkeit — zu schätzen wissen. Innen- und Außenschwimmbad, Nightclub, Friseur, Tennisplatz. *344 Zimmer. DZ 30—35 000 Esc. Av. da Liberdade, 185, Tel. 353 01 81, Fax 357 94 61, Metro: Avenida, Bus 1, 9, 32, 39, 46*

### Residência América (D 1)

Nicht zentral im Stadtteil Saldanha gelegen. Die Zimmer zur Straße sind laut. *56 Zi., DZ 8000 Esc. Tomas-Ribeiro, 47, Tel. 352 11 77, Fax 353 14 76, Metro: Picoas*

### Britânia (Hotel (D 2)

Etwas verwohnt. Aber ruhig und sauber. *50 Zi.,* 15 000 Esc. In einer Seitenstraße der *Av. da Liberdade. Rua Rodrigues Sampaio, 17, Tel. 315 50 16, Fax 315 50 21, Metro: Avenida, Bus 9, 39*

### Hotel Diplomático (C 2)

★ In einer ruhigen Parallelstraße zur Av. da Liberdade. In dieser Klasse führend. *90 Zi.,* alle Bad und TV, DZ 15 000 Esc. *Rua Castilho, 74, Tel. 386 20 41, Fax 386 21 55, Metro: Rotunda, Bus 20, 22, 27, 49*

### Hotel Embaixador (C–D 1)

Nahe der *Av. da Liberdade.* Hat schon bessere Tage gesehen, aber ruhig und sauber. *96 Zi.,* DZ 15 000 Esc. *Av. Duque de Loulé, 73, Tel. 353 01 71, Fax 355 75 96, Metro: Rotunda, Bus 12, 20, 22*

### Estalagem Lennox (Country Club) (O)

Genauso gut und genauso weit von Lissabon wie das Fundador, nur etwas größer. *32 Zi.,* DZ 17 500 Esc. *Rua Eng.° Alvaro Pinheiro de Sousa, 5, 2765 Estoril, Tel. 468 04 24, Fax 467 08 59, Vorortzug nach Estoril ab Cais do Sodré*

### Novotel (O)

Ein relativ neues Hotel dieser europäischen Gruppe. Sehr funktionell und sauber. *246 Zi.* (klein), DZ 14 000 Esc. *Av. José Malhoa 1642, Tel. 726 60 22, Fax 726 64 96, Metro: Palhavã, Bus 56*

### Príncipe Real (Residencial) (C 3)

★ (Nicht verwechseln mit dem Hotel Príncipe!) Klein, ruhig. Oben im *Bairro Alto* gelegen, also dem Vergnügungsviertel näher als dem Zentrum. Nahe dem Botanischen Garten. *24 Zi.,* DZ 16 000 Esc. *Rua da Alegria, 53, Tel. 346 01 16/7/8, Fax 342 21 04, Metro: Avenida, Eléctrico 16, 24, Bus 1, 9, 39*

### Hotel Roma (O)

Nicht zu verwechseln mit dem *Residencial Roma,* das besser ist und mitten im Zentrum liegt. Das *Hotel Roma* ist gut eingerichtet, als Eine-Nacht-Herberge bei Busreisen beliebt. *263 Zi.,* DZ 12 000 Esc. *Av. de Roma, 33, Tel. 796 77 61, Fax 793 29 81, Metro: Roma, Bus 7, 33, 35*

### Hotel Veneza (C 2)

An der Avenida da Liberdade, 189. Schallgedämpfte Fenster! Geschmackvoll, Sat-TV. Ein Hauch von Venedig. *38 Zi.,* DZ 17 000 Esc. *Tel. 352 26 18, Fax 352 66 78, Metro: Rotunda*

## HOTELS PREISGRUPPE C

(für normale Ansprüche um 12 000 Esc)

### Albergaria Pax (Residencial) (E 1)

Nicht zentral und wohl auch etwas überteuert, aber ruhig, sauber, mit Service. *30 Zi.,* DZ 7 500 Esc. *Rua José Estêvão, 20, Tel. 356 18 61, Fax 315 57 55, Metro: Anjos, Bus 20, 22, 27*

### Albergaria Terminus (Residencial) (D 4)

Ebenfalls 4 Sterne. Typisches Bahnhofshotel, ohne Charme. Pool. *23 Zi.,* DZ 8000 Esc. *Av. Al-*

mirante Gago Coutinho, 153 A, Tel.
849 48 17, Metro: Rossio, Bus 8, 22

## Avenida Alameda (Residencial) (C 1)
Zentral an der Praça Marquês de
Pombal gelegen. 28 einfache
Zimmer mit Blick auf den Park,
TV. DZ 9 000 Esc. *Av. Sidónio Pais,
4, Tel. 353 21 86, Fax 352 67 03,
Metro: Rotunda*

## Berna (Residencial) (O)
★ Gut geführt, ruhig, ordentliche Zimmer und preislich gün-
stiger als gleichklassige Hotels.
*154 Zi., DZ 11 000 Esc. Av. Antó-
nio Serpa, 13, Tel. 793 67 67, Fax
793 62 78, Metro: Campo Pequeno,
Bus 38, 49*

## Hotel Borges (D 5)
Ein sehr altes Hotel neben
dem traditionsreichen Café *Brasi-
leiro*. Die gute Umgebung hilft,
über die zerschlissene Pracht
hinwegzusehen. *22 Zi., DZ 9 500.
Rua Garrett, 108, Tel. 346 19 51,
Fax 342 66 17, Eléctrico 20, 29, 30,
Bus 15*

## Hotel Eduardo VII (C 1)
Nahe dem gleichnamigen Park.
An einer Hauptstraße. Enge Re-
zeption, sauber. Panorama-Re-
staurant. *121 Zi., DZ 11 500 Esc.
Av. Fontes Pereira de Melo, 5, Tel.
353 01 41, Fax 353 38 79, Metro:
Parque, Bus 1, 31, 46, 49*

## Estalagem do Fundador (O)
★ Für Touristen, denen es nichts
ausmacht, außerhalb von Lissabon zu übernachten: 4 Sterne,
Garten, Außenschwimmbad. *10
Zi., DZ 10 000 Esc. Rua D. Afonso
Henriques, 161, 2765 Estoril, Tel.
468 22 21, Fax 468 23 46, Vorortzug nach Estoril ab Cais do Sodré*

## Hotel Miraparque (C 1)
Ruhig, aber der Service könnte
etwas besser sein. Am Park
Eduardo VII gelegen. *110 Zi.,
DZ 12 000 Esc. Av. Sidónio Pais,
12, Tel. 352 42 86/7, Fax
357 89 20, Metro: Parque, Bus 31,
41, 46*

## Pensão dos Anjos (Residencial) (E 2)
Zentral gelegen, wohl deshalb
relativ teuer. Aber ordentlich. *36
Zi., DZ 9 000 Esc. Rua Andrade,
16, Tel. 815 53 86, Fax 82 63 11,
Metro: Anjos*

## Pensão Ninho das Águias (Residencial) (E 4)
Wer hier bucht, tut es, weil er die
Atmosphäre der Alfama erleben
will und bereit ist, dafür auf
Komfort zu verzichten. *32 Zi.,
DZ 7 000 Esc. Costa do Castelo, 74,
Tel. 886 70 08/9, Eléctrico 28 B*

## Pensão Residência Roma (D 4)
★ Eigentlich ein 4-Sterne-Ho-
tel. Nur von außen schreckt es ab.
Die Zimmer sind bequem und
sauber. *24 Zi., DZ 9 500 Esc. Travessa da Glória, 22a-1°, Tel
347 76 21, Fax 346 05 57, Metro:
Restauradores, Bus 1, 2, 32, 38*

## Hotel Príncipe (O)
Nicht verwechseln mit dem Ho-
tel Príncipe Real. Dies ist sauber,
hat bescheiden möblierte *68 Zi.,
DZ 10 000 Esc. Av. Duque d'Avila,
201, Tel. 353 61 51, Fax 353 43 14,
Metro: São Sebastião, Eléctrico 24, 27,
Bus 3, 4, 18, 42*

## Residencial Londrina (C 1–2)
Eine freundliche, sehr persön-
lich geführte Pension in der Nähe der Praça de Marquês Pombal.
Auch billigere Zimmer ohne

Bad. *28 Zi.*, DZ mit Frühstück 10 000 Esc, EZ 6 500 Esc. *Rua Castilho, 61, 1. Stock, Tel. 315 96 24/5, Metro: Rotunda*

**FÜR JUNGE LEUTE**

**Jugendherberge**
**Pousada da Juventude** (**D 1**)
Es gibt nur eine Jugendherberge in Lissabon, aber die liegt im Zentrum. Seit Mai 1993 ist sie völlig renoviert wiedereröffnet. Sie wird im 24-Stunden-Service

geführt und ist mit Aufenthalts- und Konferenzräumen, Restaurant und Bar ausgestattet.

Es stehen insgesamt 162 Betten zur Verfügung, vom Doppelzimmer mit Bad bis zu 4-Bett-Zimmern. Eine rechtzeitige Reservierung ist unerläßlich. Doppelzi. 4850 Esc, 4-Bett-Zi. 1900 Esc. *Rua Andrade Corvo, 46, Tel. 353 26 96, 355 90 81, Fax 352 86 21, Bus 1, 21, 36, 45, 83, 101 (bis Endstation Av. Fontes Pereira de Melo), Metro: Picoas*

---

### Schlafen in Schlössern und Klöstern

Für motorisierte Touristen mit entsprechender Brieftasche lohnt sich die Buchung in einer der drei Pousadas in der Nähe von Lissabon. Sie gehören zur Kategorie *CH*, das heißt, sie befinden sich in historischen Gebäuden in landschaftlich bester Lage. Wegen der geringen Bettenanzahl sind sie trotz des hohen Preisniveaus fast immer ausgebucht. Wer für ein Doppelzimmer mit Frühstück in der Hochsaison (Juli bis September) um die 300 Mark ausgeben will und kann, sollte rechtzeitig reservieren. Am besten schon vor der Abreise bei *ENATUR* (eine staatliche Organisation), *Av. Santa Joana Princessa 10, P 1700 Lisboa, Tel. 003511/848 12 21/848 46 02 oder Fax 80 58 46, 848 43 49.* In Lissabon vermitteln die Tourismusbüros die Reservierungen. Die Anschriften der drei Pousadas um Lissabon:

**Pousada do Castelo** (**O**)
9 Zi. 2510 Óbidos, Tel. 062/95 91 05, Fax 062/95 91 48

**Pousada de Palmela** (**O**)
27 Zi. 2950 Palmela, Tel. 01/235 12 26, Fax 01/233 04 40

**Pousada de São Filipe** (**O**)
15 Zi. 2900 Setúbal, Tel. 065/52 38 44, Fax 065/53 25 38

**Pousada Castelo de Palmela** (**O**)
Tel. 01/235 12 26, Fax 233 04 40

**Castelo de São Filipe, Setúbal** (**O**)
Tel. 065/52 38 44, Fax 53 25 38

**Pousada Dona Maria I, Queluz** (**O**)
Tel. 01/435 61 58, Fax 435 61 89

# Lissabonner Kalender

*Es gibt viele Feste, aber nur einen Dia de Sto. António —*
*das Fest für Lissabons Schutzpatron*

Lissabon liebt es zu feiern – vor allem seine kirchlichen Feiertage. Feiern heißt Gesang, Tanz, Wein und Sardinen. Alles möglichst unter freiem Himmel. Die Gassen werden mit Tischen und Bänken vollgestellt. Autos müssen kilometerlange Umwege fahren. An solchen Tagen ißt und trinkt arm und reich, jung und alt, als gäbe es kein Morgen. Kinder gehören genauso zu einem solchen Fest wie die unvermeidliche Ziehharmonika.

Weihnachten *(Natal)*, Neujahr *(Ano Novo)* und Ostern *(Páscoa)* werden wie bei uns gefeiert, jedoch jeweils nur einen Tag. Zum Weihnachtsfest gehört das portugiesische Nationalgericht Stockfisch *(bacalhau)*. Der *25. April* ist seit der *Nelkenrevolution* Portugals Nationalfeiertag. Wenn der *25. April*, *Karfreitag* und ein Wochenende nahe beieinander liegen und fast eine Woche Urlaub

*Die Lissabonner lieben Umzüge und Prozessionen, zu Ostern oder von Juni bis September jeweils in der Monatsmitte sind jung und alt auf der Straße*

möglich machen, haben Besucher in Lissabon viel Platz. Die Lisboetas sind an den Stränden. Ähnlich günstig liegt der *Dia de Camões* am *10. Juni* – diesen Tag feiert ein Lissabonner allerdings in seinem Stadtviertel mit den Nachbarn.

Auch die Festtage der übrigen *Santos Populares*, der Volksheiligen, sind nicht nur Anlaß zu ausgelassenen Festen, sondern verbinden sich oft zu wöchentlichen Feiern. Diese Festtage beginnen am *13. Juni* mit dem *Tag des heiligen Antonius*, dem der *Dia de São João (24. Juni)* und als Abschluß und Höhepunkt der *Dia de São Pedro (29. Juni)* folgen. Alle drei sind in Lissabon Feiertage.

Die großen Prozessionen zu der Wallfahrtsstätte *Fátima* finden von Juni bis September immer in der Monatsmitte statt. Osterprozessionen und Pfingstwallfahrten führen nach *Braga*. Die genauen Termine nennt Ihnen jede Touristeninformation. Außerdem stehen sie in der monatlich erscheinenden *Agenda Cultural*, die es kostenlos in den Tourismusbüros und an Hotelrezeptionen gibt.

# MARCO POLO TIPS FÜR VERANSTALTUNGEN

**1 Stierkampf**
Nach Ostern beginnt der portugiesische Stierkampf (Seite 75)

**2 Feira Nacional da Agricultura**
Vom 1. bis 10. Juni findet eine Landwirtschaftsmesse statt mit Volkstänzen und viel Vieh (Seite 75)

**3 Dia de Sto. António**
Ganz Lissabon feiert am 13. Juni das Fest seines Schutzpatrons (Seite 75)

**4 Festas do Colete Encarnado**
Das Fest der roten Weste vom 6. bis 8. August (Seite 75)

**5 Weinerntefest in Palmela**
Weinproben mit Tanz und Feuerwerk im September (Seite 75)

**6 Jazzfestival in Cascais**
Internationale Bands locken Jazzer aus der ganzen Welt an (Seite 75)

Wer es militärisch-bunt mag, kann jeden ersten und dritten Sonntag des Monats dem farbenprächtigen Wachwechsel vor dem Palast von *Belém* zusehen.

## OFFIZIELLE FEIERTAGE

1. Januar Neujahr *(Ano Novo)*, Karfreitag *(Sexta-feira Santa)*, 25. April (*Dia de Portugal*, Nationalfeiertag, Gedenktag der Revolution von 1974), 1. Mai (*Dia do Trabalho*, Tag der Arbeit), 10. Juni (*Dia de Camões*, Tag des Camões), 13. Juni (*Santo António*, Feiertag des Stadtheiligen), 15. August (*Assunção*, Mariä Himmelfahrt), 5. Oktober (*Dia da República*, Tag der Republik), 1. November (*Todos-os-Santos*, Allerheiligen), 1. Dezember (*Restauração Portuguesa*, Unabhängigkeit Portugals von Spanien 1640), 8. Dezember (*Imaculada Conceição*, Mariä Empfängnis), 25. Dezember (*Natal*, Weihnachten).
An diesen Feiertagen sind die meisten Museen, Banken und Geschäfte geschlossen, auch viele Restaurants machen einen Ruhetag.

## LOKALE FEIERTAGE

Die Feste der *Santos Populares* werden vor allem in der Alfama ausgelassen gefeiert. Die wichtigsten sind: *Dia de Sto. António* am 13. Juni; *Dia de São João* am 24.Juni und *Dia de São Pedro* am 29. Juni.

## VERANSTALTUNGEN

*Feira Internacional de Lisboa (FIL).* Das ganze Jahr wird hier täglich (außer Montag) von 14 bis 20 Uhr Kunsthandwerk aus allen Teilen Portugals angeboten. (**O**) *Bei Belém, Praça des Indústrias (Tejo-Nähe)*

**Februar**
Ausverkauf *(Saldos). Karnevalsveranstaltungen. Maskenbälle.*

## März

15. März *Prozession Unseres Herrn vom Kalvarienberg* durch *Graça*. (**E–F 3–4**)

    29. März *Prozession aus dem Kloster Mafra* in alten Kostümen. (**O**)

## März/April

★ *Ostermontag.* Beginn der Stierkampfsaison. Sie dauert bis Oktober. Die *touradas* finden meist Donnerstag abends statt, im *Campo Pequeno*, Portugals berühmtester Arena. Karten am besten beim Hotelportier. (**O**) *Metro: Campo Pequeno*

    25. April *Dia da Liberdade*—Tag der Freiheit. Zur Feier der Nelkenrevolution eine Parade über die *Av. da Liberdade.* (**C–D 2–3**)

## Mai

1. Mai *Dia do Trabalho* (Tag der Arbeit) wie überall in der Welt.

    Anfang Mai eine *Prozession der Fischer* in *Sesimbra*.

    Mitte Mai bis Sept. finden jede *Nacht Fahrten auf dem Tejo* statt. Abfahrt 22 Uhr von der Fährenstation an der *Praça do Comércio*, Dauer ca. 2 Stunden. (**D 5**)

## Juni

10. Juni *Dia de Camões*—Museen, Geschäfte, Banken sind zu.

    ★ 1.–10. Juni *Feira Nacional da Agricultura.* Landwirtschaftsmesse in *Santarém*, Stierkämpfe, Tanz und Vieh. (**O**)

    ★ 13. Juni *Dia de Sto. António.* Bereits am Vorabend des Festtags von Lissabons Schutzpatron ist die Stadt girlandengeschmückt, alle Geschäfte sind geschlossen, es wird in den Gassen der Alfama getanzt, gegrillt, gesungen. (**E 5**)

    28./29. Juni *Dia de São Pedro.* Am Tag von Sankt Peter werden in *Montijo* Fischerboote gesegnet, und ein Boot wird auf dem Tejo verbrannt als Flußopfer. (**O**)

## Juli

5. Juli–28. Aug. *Feira do Artesanato do Estoril*, Kunsthandwerksmesse (**O**). In *Guincho Surf-Wettbewerb.* (**O**)

## August

★ 6.–8. Aug. Festas do Colete Encarnado in *Vila Franca de Xira* mit Stierkämpfen. (**O**)

    Zwei Wochen im Aug. *Meeresfest, Cascais.* (**O**)

    Im Aug./Sept. gibt es *dreistündige Bootsfahrten* auf dem *Tejo.* Ab Station *Sul e Sueste* am Ostende der *Praça do Comércio.* (**D 5**)

## September

1998 letzte Weltausstellung in diesem Jahrhundert in Lissabon. Auf portugiesisch heißt sie *Feira Internacional de Lisboa* (FIL). Die Expo soll 2 Milliarden Mark kosten. Eintritt ca. 50 Mark.

★ Anfang Sept. *Weinerntefest* in *Palmela* mit Tanz, Weinproben (**O**). *Acarle Festival* mit Gulbenkian-Ballett, *Av. de Berna, 45.* (**O**)

## Oktober

Anfang Okt. Viele *Weinfeste*. Bei der Touristeninfo erfragen.

## November

★ Jazzfestival in Cascais. Internationaler Jazz vom Feinsten. (**O**)

## Dezember

*Weihnachtsrummel* in den Geschäften — außer am 8. Dezember, dem *Dia da Imaculada Conceição da Nossa Senhora* (Tag der Unbefleckten Empfängnis). Da Maria die Schutzheilige Portugals ist, ruht alle Arbeit.

# Am Abend gehen wir aus

*Die Nacht beginnt spät am Tejo — Zauberwort: Fado.
Doch den echten Fado zu erleben ist Glückssache*

**F**ür die meisten Touristen heißt Nachtleben in Lissabon: *Fado*. Leider wissen dies auch die Wirte der angeblich typischen Lokale und bieten zu überhöhten Preisen eine Mischung aus sogenannter Folklore und sogenanntem *Fado*.

Deshalb zwei Tips: Echter Fado, dieser Sehnsuchtsgesang, beginnt nie vor Mitternacht. Zu dieser Zeit sind die Teilnehmer der *Lissabon-bei-Nacht-Touren* längst wieder im Hotel. Während des Fado redet man nicht, noch klappert man mit dem Besteck. Fado taugt nicht als touristische Folkloreuntermalung, Fado verlangt konzentrierte Zuhörer.

Für einen Überblick über alle Veranstaltungen genügt ein Blick in das Monatsheft *Agenda Cultural* (portugiesisch und englisch), in Hotels und Tourismusbüros kostenlos. Ebenfalls monatlich und kostenlos *Lisboa*, speziell für Touristen. Kartenvor-

verkauf am *ABEP*-Kiosk, *Praça dos Restauradores*, oder in dem Kiosk vor dem *Rossio*-Bahnhof.

Das Nachtleben in Lissabon beginnt nicht vor 22 Uhr, erreicht seinen Höhepunkt gegen eins und ist um vier Uhr noch nicht zu Ende. Jedenfalls nicht in den Diskos, die auch *dancing* heißen können, während *boites* Bars mit Tanz sind.

Lissabons Vielfalt zeigt sich auch im Nachtleben. Über 70 Bars und Diskos! Dazu Mixgetränke mit Namen wie »Tira Cueca«, was schlicht »Zieh dich aus« heißt. Wer es schrill mag, muß in die Diskos entlang des verbauten *Tejo*-Ufers. Dort, in der *Avenida 24 de Julho*, regieren in 70 (!) ehemaligen Lagerschuppen Laserlights und Soundblitze. »In« z. Zt.: *Docks Club, Blues Café, Ultra Mar.* Hier tanzt bereits das zweite Jahrtausend.

Mehr zum Zentrum hin, im Bairro Alto und im Alcântara-Viertel, erlebt Lissabon allnächtlich mit Rap, Samba und Techno ein euro-afrikanisch-brasilianisches Musikfestival. In dieser Musikszene wird Lissabon zum schärfsten Konkurrenten der

*Teatro Nacional Dona Maria II: Experimentiertheater in der Sala Experimental*

heißen Musikszenen von Rom, London und Paris.

Wenn die Tür zu einer *boîte* verschlossen ist, heißt das nicht, daß Ruhetag ist. Irgendwo ist dann eine Klingel. Erst wenn man die gedrückt hat, wird man eingelassen. Ohne Gesichtskontrolle wie bei unseren Schickimicki-Nightclubs.

Wo immer man Lissabon bei Nacht erlebt hat — ob beim Fado oder in einer Disko —, beenden muß man den nächtlichen Zug durch die Gegend morgens so gegen fünf beim ★ *Cacau da Ribeira* nahe dem *Cais do Sodré* (C 5). Das ist kein Restaurant, sondern der *cacau* gehört zum frühmorgendlichen Fischmarkt, auf dem es natürlich nicht nur *cacau* gibt.

## BARS MIT EXOTISCHER MUSIK

### A Lontra (B 4)
Afrikanische Live-Musik bestimmt die Atmosphäre. Getanzt wird gelegentlich auch auf den Tischen. Gute Stimmung. *Rua São Bento, 157, Bus 100*

### Bananas Power (O)
Es gibt diese Disko schon länger. Jetzt viel Afrikaner. Heftige Salsa-Rhythmen. *23—6 Uhr, Rua de Cascais, 51—53, Eléctrico 19, Bahnhof Alcântara Mar*

### Bora-Bora (E 2)
Polynesisch ist die Einrichtung (mit Springbrunnen), polynesisch (und stark) auch die Drinks. *Av. Almirante Reis, 194, Metro: Arroios oder Intendente*

## MARCO POLO TIPS FÜR DEN ABEND

**1 Alcântara-Mar**
Ob in Jeans oder Abendkleid — hin muß man. Aber reservieren! (Seite 79)

**2 Cacau de Ribeira**
Freiluftabschluß bei Morgengrauen (Seite 78)

**3 Casino Estoril**
Gutes Essen, gute Show und — vielleicht — Glück im Spiel (Seite 83)

**4 Ad lib**
Pflichtstation für Diskogänger (Seite 79)

**5 Gulbenkian-Ballett**
Manchmal weiß man im Tourismusbüro, wo es noch Karten gibt (Seite 83)

**6 Kapital**
Die Nummer eins der Bars. Für alle Jahrgänge, aber nicht billig (Seite 79)

**7 Mascote de Atalaia**
Nur Wein und Fado, kaum Touristen (Seite 80)

**8 Foxtrot**
Für Leute, die Gemütlichkeit und Stummfilme lieben (Seite 81)

**9 Snob**
Wer um drei Uhr nachts tanzen und Steaks essen will (Seite 79)

**10 Tasca**
Samba und Saudade — vielleicht auch Fado (Seite 79)

### Kapital (C 5)

★ Wer mitreden will, muß dort gewesen sein. Musik nach Geschmack von alt und jung. Mi Hard-Rock-Nacht. *Tgl. 22.30—4 Uhr, Av. 24 de Julho, 68, Eléctrico 28, Bahnstation: Santos*

### Jamaica (C 5)

Südamerikanische Musik. Die Bar befindet sich aber im Sperrbezirk! Entsprechendes Publikum. Di Reggae-Live-Musik. *Rua Nova do Carvalho, 6, Bus 100 bis Cais do Sodré, Bus 1, 44, 45, Metro: Restauradores*

### Skylab (B 1–2)

♪ Die neuesten Hits, die längsten Nächte. *Rua Artilharia Um, 69, Metro: Rotunda*

### Tasca (B 3)

★ Es wird brasilianische und portugiesische Musik gespielt. Gelegentlich gibt es auch Fado. *Rua dos Prazeres, 47 (Praça das Flores), Bus 6, 19*

## DISKOS

### Absoluto (C 5)

♪ Heißer Tip für heiße Musik. Junges Publikum natürlich auch. Aber erst ab 23—4 Uhr. Ein Bier 500 Esc, ein Whisky 1000 Esc. *Mo—Sa, Rua D. Luis I, Tel. 395 50 09, Cais do Sodré*

### Ad lib (C 2)

★ Orientalisches Dekor. Tummelplatz der 30 bis 40jährigen. *Rua Barate Salgueiro, 5, Tel. 356 17 17, Metro: Avenida*

### Ai-Ue (O)

Kenner wissen bei diesem Namen genau: Hier gibt es afrikanische Musikrhythmen vom Aller-

besten. *Di—So, Centro Comercial São João de Deus, Av. António de Almeida, Tél. 795 25 20/21, Metro: Saldanha*

### Alcântara-Mar (O)

★ ♪ In einem Fabrikgebäude gelegen. *Die* Nobeldisko. Alles gibt es, alles ist möglich. An manchen Tagen Rock der 60er. Ohne Reservierung keine Chance hineinzukommen, deshalb die Tel. 363 71 76, *Mo, Di geschl., Rua da Cozinha Económica, 11 (gegenüber dem Supermercado Pingo Doce), Bus 20, 22*

### Cena de Copos (C 4)

Wer rein will, muß klingeln! Viel Jugend umrahmt von Gläsern in allen Formen und Farben. (Auf deutsch: »Schauplatz der Gläser«.) *Tgl. 21—2 Uhr nachts, Rua de Barroca, 103—105, Eléctrico 28*

### Plateau (C 5)

Starlett-Treff. *22.30—6 Uhr, So geschl. Escadinhas da Praia, 7, Tel. 396 51 16, Bus 32, 43, 28 bis Cais do Sodré*

### Procópio (E 5)

Eine Bar im Oldfashioned-Stil. Solide eingerichtet, dezente Musik, gedämpfte Beleuchtung. *Alto São Francisco, 21, Tel. 65 28 51; Eléctrico 28*

### Snob (C 4)

★ Für alle, die um drei Uhr nicht nur tanzen, sondern auch Steaks essen wollen. Viele Journalisten. *Rua do Século 178, Tel. 346 37 23, Eléctrico 24*

### Spring Fellows (O)

Ab Mitternacht geht's erst richtig los. *Av. Oscar Monteiro Torres, 8 b, Metro: Campo Pequeno*

## FADO

Echten Fado findet man kaum noch in Touristenfallen wie *Adega Machado, Rua do Norte,* und das *A. Severa, Rua das Gaveas.* Mitte 1996 waren empfehlenswert:

### Adega do Ribatejo (C 4)

Hier kann man noch puren, emotionalen Fado erleben. *Rua Diário de Noticias, 23, Bairro Alto, Tel. 346 83 43, Metro: Avenida*

### Arcadas do Faia (C 4)

Fado hat hier Familientradition. Gute Küche. *So geschl., Bairro Alto, Rua da Barroca, 56, Tel. 342 19 23, 342 67 42*

### Café Luso (C 5)

Eigene Fadistas, auch Folklore, Do u. Fr. Jazz, regionale Küche. *So geschl., Traversa da Queimada, 10, Metro: Rossio*

### Mascote de Atalaia (C 4)

★ ✿ Klein, voll. Harte Stühle. Viele Portugiesen. Kein Essen, nur Wein und Fado. *Rua da Atalaia (Bairro Alto), Tel. 347 04 80, Metro: Restauradores, dann Elevador da Glória*

### O Senhor Vinho (C 1–2)

Gute Sänger, leider etwas teuer. Fado gibt es *ab 21.45 Uhr. Rua Meio à Lapa, 18, Tel. 397 26 81, So geschl., Bus 27 bis Praça Marquês do Pombal*

### Parreirinha de Alfama (E 5)

Viele Touristen, aber das Essen ist gut. *20–2 Uhr, So geschl., Beco de Espirito Santo, 1, Tel. 886 82 09, Eléctrico 3*

---

### Fado muß nicht fade sein

Wer behauptet, er wisse, was *Fado* ist, sagt die Unwahrheit. Selbst wenn er Portugiese ist. Welchen Ursprung der *Fado* wirklich hat, weiß niemand — aus Afrika, Arabien, Brasilien? Einige meinen, er sei in der Alfama entstanden. Fest steht: In Lissabon ist er zu Hause, in den Vierteln der Armen. Dort ist er in der zweiten Hälfte des 18. Jhs. entstanden. Das Wort ist vom lateinischen *fatum* (Schicksal) abgeleitet. Sowohl Männer wie Frauen *(fadistas)* können ihn singen. Wichtig für den *Fado* ist, daß die Stimme dehnbar ist und der Sänger über großen Atem verfügt. Begleitet wird der Gesang von zwei Zupfinstrumenten: einer Gitarre und einer Art Laute. Die *Fado*-Themen kreisen um die Liebe, um Lissabon, um Hoffnung und vor allem um die *saudade,* diese so typisch portugiesische Grundstimmung, die man weder mit Wehmut noch Fatalismus, noch Sentimentalität, noch Melancholie treffend übersetzen kann, weil sie von allem ein wenig hat.
*Fado*-Lieder müssen nicht elegisch-traurig sein, es gibt auch heitere. In einem *Fado* heißt es: »Portugal singt, auch wenn es Lust zum Weinen hat.« Ein Portugiese hat es mir so erklärt: »Der *Fado,* das ist die Gloriole, die wir unserem Elend aufsetzen.«
Ein Tip für Plattenfreunde: Die besten *Fado*-Aufnahmen sind von Amália (Rodrigues), der Nummer 1, und von Carlos do Carmo, João Braga und Manuel de Almeida.

*Echter Fado ist selten, achten Sie auf besondere Empfehlungen*

**Velho Páteo de Santana** (**D 2**)
Schöner Innenhof, gemütliches Restaurant. *So geschl., Rua Dr. Almeida Amaral, 6, Tel. 315 07 47, Metro: Avenida*

**JAZZMUSIK – ROCK – NOSTALGIE**

**Bruxo Bar** (**Hexen-Bar**) (**E 5**)
Brasilianische Live-Musik vom heißesten. Gelegentlich mit Tanz. Gäste um die 40. *So geschl. 40, Rua São Mamede, 35 B, Eléctrico 28, Metro: Rossio*

**Foxtrot** (**B 4**)
★ Viel Plüsch der Jahrhundertwende. Wenn der Wirt Lust hat, läßt er einen Stummfilm flimmern. Wintergarten und Billard *22–2 Uhr. Travessa Sta. Teresa, 28, Tel. 395 26 97, Eléctrico 24, Metro: Avenida*

**Hot Clube de Portugal** (**C 3**)
*Der* Treffpunkt für Jazzer und solche, die es werden wollen. Sand-

wiches. Pro Nacht zwei Jam-Sessions. *So und Mo geschl., Praça da Alegria, 39, Tel. 346 73 69, Metro: Avenida*

**Pavilhão Chinês** (**C 3**)
✪ Hinter der roten Eingangstür: Billard, Straußenfedern, Flug- und Schiffsmodelle. Viel 20er-Jahre-Nostalgie. Cocktails meist grün, immer stark. Essen gut. Sehenswert. *Rua Dom Pedro V, 89, Tel. 342 47 29, Eléctrico 24*

**Vicente Borga** (**C 4**)
Live-Musik, bei der man sich auch unterhalten kann. Alle Altersklassen. *So geschl., Tel. 395 20 70, Rua Vicente Borga, 75 A, Metro: Restauradores*

**KÄUFLICHER SEX**

Lissabon weiß, was es seinem Ruf als Welthafen schuldig ist. Leichte Mädchen heißen *prostitutas*, in der Umgangssprache *putas*. Der Rotlichtbezirk befindet sich am Tejo-Ufer beim *Cais do Sodré*. Aber auch am *Largo do Intendente* und in einschlägigen Lokalen im *Bairro Alto* bieten sich grellgeschminkte Damen an.

## KINOS

Ausländische Filme laufen in Portugal in Originalfassung mit Untertiteln. Die meisten Kinos haben vier Vorstellungen *(14, 16.30, 19 und 21.30 Uhr)*. Anspruchsvolle Häuser haben außerdem eine *sessão da meia noite*, die um 23.30 oder um 24 Uhr beginnt. Die Eintrittspreise sind unterschiedlich, aber billiger als bei uns. Montags um 50 Prozent ermäßigte Preise. Die Tageszeitungen *Diário de Notícias* und *Público* veröffentlichen die Programme. Die Premierenkinos sind:

**Amoreiras Shopping Center** **(A 1–2)**
Zehn Säle, *Rua Duarte Pacheco, Bus 15, 58*

**Avila** **(O)**
Nur ein Saal, aber ein Muß für jeden Filmfreund. Klassiker auf neuen Kopien. *Av. Duque d'Avila, 92, Metro: Saldanha*

**Condes** **(D 3)**
Kinopalast alten Stils. *Av. da Liberdade, Metro: Restauradores*

**King Triplex** **(O)**
*Av. Roma (3 Vorführsäle), Metro: Roma*

**São Jorge** **(C 3)**
*Av. da Liberdade, Metro: Avenida*

## NACHTCLUB

**Frágil** **(C 4)**
Bar und Disko. Elegant. *23 bis 4*

*Uhr. So geschl. Rua da Atalaia, 126, Metro: Restauradores*

## SHOW – KABARETT UND REVUE

Wer große Shows sehen will, muß ins *Spielkasino* nach *Estoril* fahren. Mit Abendessen *(20.30 Uhr)* kostet es *6000* bis *9000 Esc*, je nach Platz, die Show allein *(23 Uhr) 3500 Esc* auf weniger guten Plätzen. Vorortzüge verkehren bis spät in die Nacht. Es gibt auch Bustouren. Lissabon bietet lediglich musikalische Kabarettrevuen, auf portugiesisch *revistas*, mit aktuellen, für Touristen kaum verständlichen Anspielungen. Im *Coloseu* (**D 4**, 4000 Plätze) gastieren oft internationale Showgruppen und Sänger. Ankündigungen in der Zeitschrift *Se7e*. Metro: Rossio

## SPIELCASINO

**Casino Estoril** **(O)**
★ Das Kasino ist täglich ab 15 Uhr geöffnet. *Ab Cais do Sodré mit dem Vorortzug bis Estoril*

## THEATER – OPER – BALLETT

Ein gutes Dutzend Sprechbühnen spielen allabendlich, dort kommt aber nur auf seine Kosten, wer fließend portugiesisch spricht. Neben den subventionierten Bühnen gibt es eine erstaunlich große Zahl privater Bühnen, von denen einige ausgezeichnete Inszenierungen bieten. Wer Theaterexperimente schätzt, sollte sich eine Aufführung der *Sala Experimental* im *Teatro D. Maria II* ansehen. Eintritt ca. 3500 Esc. Die Saison der Oper läuft vom Herbst bis zum

Frühjahr. In ihrem Spielplan sind italienische Werke in der Überzahl. Der Eintritt liegt zwischen 4000 und 11 000 Esc. ★ Ballett- und Freunde klassischer Musik sollten sich nach Gastspielen der *Fundação Gulbenkian* (Gulbenkian-Stiftung) bei einer der Touristeninformationen erkundigen. Sie verfügt über mehrere eigene Konzertsäle im Stadtgebiet von Lissabon.

## Teatro Nacional
## Dona Maria II (D 4)
Nationaltheater, in dem Klassiker, moderne Autoren, aber auch Kabarettrevuen laufen. *1500 bis 3000 Esc, 50 Prozent Ermäßigung für Studenten, Senioren, Mo geschl., Tel. 342 22 10, Praça D. Pedro IV, Metro: Rossio, Bus 1, 21, 41*

## Teatro Nacional
## de São Carlos (D 5)
Die Oper, dort wird auch Ballett gezeigt und Konzerte gegeben. Unbedingt sehenswert ihr Eingang und die Gemälde im Zuschauerraum aus dem 18. Jh. Konzerte. *Largo de São Carlos, Tel. 346 59 14, Metro: Rossio*

## Teatro Municipal São Luis (C 5)
Das Stadttheater. Oft Gastspiele, auch Konzerte. *Rua António Maria Cardoso 40, Tel. 347 12 79, Eléctrico 28, 28 a*

## Teatro da Trindade/INATEL (D 4)
In dem roten Bauwerk aus dem 19. Jh. finden oft Operngastspiele statt. *Rua Nova da Trindade, 9, Tel. 342 32 00, Bus 15, Eléctrico 20, 24, 29, 30*

### Stierkampf – ohne Todesstoß

Eine portugiesische *tourada* ist etwas anderes als eine spanische *corrida*. Der Stier *(touro)* verläßt am Schluß lebend die Arena, wird dann allerdings geschlachtet. Die Hörner des Stiers sind *embolado*, mit Holzkugeln entschärft und mit Leder umwickelt. Es gibt auch keinen *matador*, sondern *cavaleiros* (Reiter), die auf speziell dressierten Pferden *(sortes)* reiten und blitzschnelle Ausweichmanöver, so dicht wie möglich am Stier, riskieren. Echt portugiesisch wird es beim zweiten Teil der *tourada*, bei der *peca de caras*, dem Anpacken des Stiers von vorn. Acht unbewaffnete Männer stellen sich in einer Reihe hintereinander auf. Der erste springt dem Stier zwischen die Hörner und packt ihn am Hals. Während der Stier den Mann abzuschütteln versucht — meist mit Erfolg —, hängen sich die anderen sieben *forcados* an seine Beine, ziehen ihn am Schwanz, bis dieser 500 Kilo schwere Kraftprotz in die Knie geht. Eine Aufgabe, die von jedem dieser Amateure (!) Mut und Geschicklichkeit erfordert. Nicht selten erhalten die Tapfersten von ihnen mehr Beifall als die Reiter. Eine *tourada* bietet sechs bis acht Kämpfe, jeder ca. 20 Minuten. Es gibt drei Kartenkategorien: *sol* (Sonne), *sombra* (Schatten) und *sol e sombra* (beides gemischt). *Sombra* ist das angenehmste, bietet aber bei Foto- und Videoaufnahmen Belichtungsprobleme. Karten beim Hotelportier buchen, denn an den Kassen stehen immer lange Schlangen.

# Von Auskunft
# bis Zoll

*Portugiesische Weisheit: Vieles, was schwierig erscheint,*
*wird beim näheren Hinsehen einfach*

## AUSKUNFT VOR DER REISE

### Portugiesische Botschaft
*Ubierstr. 78, 53173 Bonn, Tel. 0228/36 30 11−6, Fax 35 28 64*

### Portugiesisches Touristik- und Handelsbüro
*Schäfergasse 17, 60313 Frankfurt, Tel. 069/23 40 94, Fax 23 14 33 Kurfürstendamm 203, 10719 Berlin, Tel. 030/882 10 66, Fax 883 48 51*

### Portugiesisches Verkehrsamt und Handelsdelegation
*Badenerstr. 15, 8004 Zürich, Tel. 01/241 00 01, Fax 241 00 12*

### Portugiesische Handelsdelegation − Touristikzentrum
*Stubenring 16/3, 1010 Wien, Tel. 0222/513 26 70, Fax 512 88 28*

## AUSKUNFT IN LISSABON

Keine Verständigungsprobleme gibt es im Aug./Sept. In dieser Zeit ist ein Servicetelefon in Deutsch und Englisch eingerichtet. Unter *Tel. 05 00 18 08* (keine

*Elevador da Bica − auf die richtige Gewichtsverteilung kommt es an*

Vorwahl) gibt es *Mo−Di* kostenlos Infos, aber nur zwischen 10 und 18 Uhr.

### ICEPU Centro de Turismo
*Palácio Foz / Praça dos Restauradores, Tel. 346 63 07, Fax 346 87 22 (engl., oft auch deutsch). Tgl. 9−20 Uhr, Metro: Restauradores*

### Touristeninformation am Flughafen Portela
*24-Std.-Service, Tel. 849 36 89*

### Touristeninformation am Bahnhof Santa Apolónia
*Tel. 886 78 48*

### Fluginformationen
*Abflug und Ankunft Tel. 80 20 60*

## ARZT UND APOTHEKEN

Deutsche Krankenscheine werden mit Anspruchsausweis (kostenlos bei Krankenkassen) anerkannt. Eine Urlaubskrankenversicherung ist zu empfehlen.

Deutschsprechende Ärzte bei Botschaften oder den Fluglinien LH, AUA und Swissair erfragen. Notdienst (Rotes Kreuz) *Tel. 52 20 21, 301 77 77*

Apotheke heißt *farmácia*. Medikamente sind oft billiger als bei uns. Wer Nacht- oder Sonntagsdienst hat, ist an jeder Apotheke angeschlagen.

## AUTOPANNEN

Pannenhilfe des ACP *(Servicio de Pronto Socorro de Automóvel Clube de Portugal): Tel. 942 50 95*

## BANKEN UND GELDWECHSEL

*Öffnungszeiten Mo–Fr 8.30 bis 11.45 und 13–14.45 Uhr.*
Aufgepaßt beim Geldtausch! Die Banken haben höchst unterschiedliche Provisionsgebühren von 500 bis 1500 Esc. Vorher fragen, andere Bank wählen.
Am Flughafen kann täglich bis 23 Uhr Geld gewechselt werden.
Banken mit dem Zeichen *MB Multibanco* haben vor dem Eingang einen Automaten, der auf bestimmte Kreditkarten und auf die Eurocheque-Karte bis zu 35 000 Esc tgl. auszahlt.
Die *Caixa Geral de Depósitos* (nahe dem *Rossio*) hat einen öffentlichen Geldwechselautomaten. Er nimmt 50- und 100-Mark-Scheine sowie französische, englische und US-Dollar-Scheine problemlos an.
Eurocheques sind in Esc auszustellen, zur Zeit bis max. 35 000 Esc. Auf den Postämtern kann man jedoch auch problemlos und gebührenfrei mit dem Postsparbuch Geld abheben.

## BOTSCHAFTEN UND KONSULATE

### Botschaft der Bundesrepublik Deutschland
*Campo dos Mártires da Pátria 38, 1000 Lisboa, Tel. 881 02 10,*

*885 27 32, 885 30 52, 885 04 74, Fax 885 38 46, Metro: Avenida, dann Elevador da Lavra*

### Österreichische Botschaft
*Rua das Amoreiras 70, 1000 Lisboa, Tel. 3874161, Bus 15 bis Cais do Sodré, Eléctrico 24*

### Schweizerische Botschaft
*Travessa do Patrocínio 1, 1000 Lisboa 3, Tel. 397 31 21, Metro: Restauradores, dann Elevador da Glória*

## DOLMETSCHER UND FÜHRER

CINTRA, die Cooperative de Tradutores, vermittelt deutschsprachige Übersetzer. *Av. Almirante Reis 154, Tel. 847 66 58*

## FLUGHAFEN (AEROPORTO)

Lissabons Flughafen *Portela de Sacavém* liegt 20 Autominuten vom Stadtzentrum entfernt.

## FOTOGRAFIEREN

Überall gestattet, wo es nicht ausdrücklich verboten ist, zum Beispiel in Museen und auch Kirchen.
Foto-, Film- und Videomaterial ist in Portugal teurer als bei uns, sorgen Sie vor!

## FRISEURE (SALÃO DE CABELEIREIRO)

### Ayer Harriet Hubbard – Instituto de Beleza e Cabeleireiro
*Rua Manuel José Coelho 12–20, Tel. 352 05 16, Metro: Avenida*

### Isabel Queiróes do Vale
*Av. Fontes Pereira Melo 35, Tel. 548 238, Metro: Picoas, Bus 1, 31, 41, 46, 49*

## FUNDBÜROS

Nach in öffentlichen Verkehrsmitteln verlorengegangenen Gegenständen kann man im Fundbüro *(escritório dos achados)* der Transportgesellschaft CARRIS fragen. *Tel. 370877. Elevador Sta. Justa.* Taxi-Fundsachen werden durch das Büro *Secção dos Achados, Av. Visconde Valmor 34, Metro: Saldanha,* verwahrt.

Alle übrigen Fundsachen werden im städtischen Fundbüro (Polizeistation), *Rua dos Anjos 56,* aufbewahrt. Das Büro ist zwischen 9 und 12 Uhr und von 14 bis 16 Uhr geöffnet. *Tel. 342 00 42, Metro: Intendente*

## GELBE SEITEN

In den »Gelben Seiten« *(Páginas Amarelas),* dem Telefonverzeichnis der Geschäftsadressen, das in jedem Hotel ausliegt, findet man ab Seite XXXIII alle Kategorien in deutscher Sprache.

Im Buch sind dann diese Sparten durch drei rote Punkte unter dem jeweiligen Begriff gekennzeichnet. Außerdem guter Stadtplan.

## GESCHÄFTSZEITEN

Seit April 1995 können Supermärkte, Cafés, Bier- und Teestuben, Restaurants und SB-Läden durchgehend geöffnet sein. Auch so! Einige Geschäfte haben 24-Stunden-Service. Bitte Portier fragen.

## HILFSDIENSTE

24-Stunden-Service vom Babysitten bis zu Partylieferungen und Reparaturen. *Tel. 486 85 00*

## MIETWAGEN

Für Stadtfahrten nicht zu empfehlen, wenn sie auch in den »Gelben Seiten« unter Autovermietungen sieben Seiten ausfüllen. Es lohnt ein Preisvergleich. Die nationalen Autovermietungen liegen preislich häufig unter den Normaltarifen der internationalen Konkurrenz. Bei einer Mietdauer von mindestens drei Tagen bieten die meisten Autovermieter Sonderkonditionen. Es genügt ein gültiger deutscher Führerschein. Promillegrenze 0,5! Gurtpflicht! Hohe Strafen!

## NOTRUFE

**Polizei und Unfallhilfe**
Tel. 115 (landesweit)

## ÖFFENTLICHE VERKEHRSMITTEL

Am unteren Schalter des *Eiffel*-Lifts *(Elevador Sta. Justa)* gibt es kostenlos einen Plan mit dem Streckennetz sämtlicher Verkehrsmittel. Dort und an allen orangeweißen Kiosken der Verkehrsbetriebe kann man auch einen preisgünstigen *Passe Turístico* erwerben sowie eine Drei-Tage- oder Sieben-Tage-Karte für alle öffentlichen Verkehrsmittel, einschließlich Metro und Fährboote über den Tejo.

**Busse (Autocarro)**
Die meisten Linien sind bis Mitternacht in Betrieb. Haltestellen sind mit *Paragem* gekennzeichnet sowie der Nummer der betreffenden Buslinie und den Abfahrtszeiten. Fahrscheine löst man beim Fahrer. Wer an der nächsten Haltestelle aussteigen möchte, drückt einen Knopf.

**Personenfähren**

Die Fähren verkehren regelmäßig ab ca. 6.30 bis 24 Uhr. Vom *Cais de Alfandaga (Praça Comércio)* im 20-Minuten-Takt. Eine Fahrt kostet 90 Esc. Kein PKW-Transport. Vom *Cais do Sodré* nach *Cacilhas*, ebenfalls im 20-Minuten-Takt. Pro Fahrt 90 Esc. PKW 200 Esc.

**Straßenbahn (Eléctrico)**

Noch verkehren die betagten Vehikel auf 6 Strecken. Für Straßenbahnen, Aufzüge und Busse gelten die gleichen Tickets. Aber nicht für die Metro!

MARCO POLO Tip: Erkundigen Sie sich gleich zu Beginn ihres Aufenthaltes in Lissabon beim Tourismusbüro in der Nä-

**Streckenplan der Metro**

hc des Rossio oder bei einer der CARRIS-Verkaufsstellen *(Praça, Figueira)* oder beim Aufzug *Elevador de Santa Justa*, welche der verbilligten Karten oder Touristenpässe für Ihre Besichtigungspläne die geeignetsten sind. Sie können dadurch ein paar hundert Esc sparen.

### U-Bahn (Metro)
Es gibt drei Linien mit 25 Stationen, die Streckenführung ist übersichtlich, die alten Züge verkehren im Drei-Minuten-Takt. Eine Fahrt *75 Esc*, wenn Sie die U-Bahn oft benutzen, lohnt ein 10 Kartenheft für *550 Esc.* Automatenkarten sind billiger als am Schalter.

### Vorortzüge (Comboio Suburbano)
Jene nach *Estoril/Cascais* fahren vom *Cais do Sodré.* Die Fahrt bis Cascais (Endstation) dauert ca. 35 Minuten. Je nach Wochentag und Tageszeit verkehren die Züge alle 15 bis 20 Minuten, Züge in Richtung *Sintra* verkehren im 15-Minuten-Takt ab *Rossio.* Fahrzeit ca. 45 Minuten.

### Stadtrundfahrten
Vier Möglichkeiten: Bus, Taxi, Straßenbahn oder Fährschiff. Alle sind organisiert, der Portier (Abholservice vom Hotel) weiß Bescheid. Die Routen sind unterschiedlich. Die Adressen der drei größten:

*Cityrama Tel. 355 85 69, 355 85 67*
*Gray Line Tel. 352 25 94*
*Portugal Tours Tel. 352 29 02*

Für Ausflüge in die weitere Umgebung: *Agentur Sittis, Tel. 397 10 07,* dort spricht man deutsch.

Ab 1996 gilt in Portugal wieder die Greenwich-Zeit. In Portugal ist es stets eine Stunde früher als in Mitteleuropa.

### Öffnungszeiten der Postämter
Mo–Fr 9–12.30 und 14.30–18 Uhr. Das Hauptpostamt an der *Praça dos Restauradores* ist von 8 bis 24 Uhr geöffnet. Alle Postämter haben Telex- und Telefax-Dienste. Briefkästen sind rot. Briefmarken *(selos)* gibt es auch in Tabakläden, an Automaten und bei der Hotelrezeption.

Briefe heißen *cartas*, Postkarten *Postais.* Das Porto für Briefe wie Karten in den EU-Raum beträgt 78 Esc. Übriges Europa 100 Esc.

Telefonautomaten schlucken oft die Münzen, ohne eine Verbindung herzustellen. Praktischer sind *Credifone*-Telefonkarten, mit denen man von vielen speziell gekennzeichneten Fernsprechern aus telefonieren kann. Diese Plastikkarten gibt es in verschiedenen Preisklassen auf jedem Postamt und in vielen Schreibwaren-, Tabakläden.

Für Ferngespräche nach Deutschland/Österreich/ Schweiz sollte man jedoch Karten für mindestens 1800 Esc benützen. Ein 3-Minuten-Ferngespräch kostet ca. 600 Esc. Von Mitternacht bis 8 Uhr morgens ist das Telefonieren etwas billiger. Sa–So ganztägig.
*Vorwahl nach Lissabon: 003511*
*Vorwahl nach Deutschland: 0049*
*Vorwahl nach Österreich: 0043*
*Vorwahl in die Schweiz: 0041*
*Telefonauskunft: 12*
*Ausland: 099*

Lissabon hat fünf städtische Schwimmbäder. Sie sind sauber, aber nur zu bestimmten Zeiten für alle geöffnet. Oft nur für Mütter mit Kindern oder Vereine. Unbedingt vorher erfragen.

### Piscina de Alvito          (C 5)

Nur zeitbegrenzt, 220 Esc. *Patio Pimenta, Tel.* 63 59 40

### Piscina Penha de França     (B 4)

*Calçada Poço dos Mouros, Tel.* 812 50 00

### Piscina dos Olivais         (O)

»Hallenbad ohne Dach«, *tgl.* 9–18 Uhr, 220 Esc. *Av. Dr. Francisco Luís Gomes, Tel.* 31 46 30

### Parque de Jogos 1. Maio     (O)

Sportanlage mit Hallenbad (25 m), Sauna, Tennis, Erw. 350, Kinder 130 Esc. Öffnungszeiten erfragen, *August geschl., Tel.* 848 89 96, *Av. Rio de Janeiro, Metro: Roma*

### Piscina do Tamariz         (O)

Strand von Estoril, Meerwasserbecken, *Juni–Sept.,* Erw. 1500, Kinder 1000 Esc.

Portugals Strände unterliegen der Kontrolle der EU. Um die begehrte Blaue Flagge hissen zu dürfen, müssen viele hohe Anforderungen erfüllt werden. Vorausgesetzt werden neben einer guten Wasserqualität, die alle 14 Tage zu kontrollieren ist, u. a. auch Papierkörbe und Toiletten, um den Strand sauber zu halten.

Das staatliche Fremdenverkehrsamt hat 1995/96 eine Liste mit der Bewertung der Strände und des Wassers herausgegeben. Diese Auswertungen sollten in den *Tourismusbüros* erhältlich sein.

Trotzdem sind die folgend genannten Strände *(praias)* nicht unbedingt zu empfehlen: *Santa Marta, Pescador, Rainha, Parede und Carcavelos.* Bei *Guincho* ist das Wasser zwar sauber, aber tückisch. Wenn am Strand die rote Fahne weht, sollte man unbedingt an Land bleiben. Außerdem nichts im Wagen lassen! Juni–Sept. gibt es Rettungsschwimmer und Sonnenschirmverleih.

Alternative: Fahren Sie hinüber auf die andere Seite des Tejo, an die *Costa da Caparica.* Dafür muß, wer mit dem Wagen oder Taxi fährt, an Wochenenden und im August stundenlange Staus auf den Zu- und Abfahrtsstraßen der Tejo-Brücke in Kauf nehmen. Deshalb unser Tip: Fahren Sie lieber mit der Fähre ab *Praça do Comércio* nach *Cacilhas,* von dort mit dem Bus nach *Costa da Caparica* und mit der Strandbimmelbahn an einen der 20 km langen Strände. Einfacher ist es an Wochentagen, da geht ein Bus von der *Praça Espanha* nach *Costa da Caparica,* dann weiter mit der Strandbahn.

Einer der ruhigsten Strände ist die *Praia do Meco.* Man erreicht sie über die Tejobrücke, Autobahnausfahrt *Sesimbra.* Hier entledigen sich die Sonnenfanatiker aller Hüllen, während andere sich mit dem grauen Schlamm bedecken, der zwischen den Klippen aufgewühlt wird. Angeblich soll er Rheumaleiden lindern und außerdem die Haut zarter machen.

## Auch am Tejo wiehert der Amtschimmel ...

Und ob! Europas Bürokraten haben wahrscheinlich ihre Freude daran. Nicht unbedingt jedoch die Touristen, die oft einem Verordnungswirrwarr ausgeliefert sind. Es beginnt mit den Geschwindigkeitsbegrenzungen. In der Stadt dürfen PKWs 50, auf Landstraßen 80 und auf Autobahnen 120 Stundenkilometer fahren. Für PKWs mit Wohnwagen gilt eine andere Staffel, nämlich 60, 70 und 80 Stundenkilometer Höchstgeschwindigkeit. Diese Auskunft ist ebenso offiziell wie unverbindlich. Neuestes Verwirrspiel: Die Lisbon Card. Sie soll Vergünstigungen für Touristen bieten, wie sie ähnlich in vielen europäischen Großstädten angeboten werden. Diese Karte kann man an drei Stellen kaufen, zwei davon sind in Belém, also nur mit der Vorortbahn zu erreichen! Kaufen kann man diese Karte für einen, zwei und drei Tage; wer sie hat, kann u.a. 30 Museen mit Rabatt besuchen. Aber niemand schafft das. Weder in drei noch zwei, schon gar nicht in einem Tag. Und außerdem: Die meisten Museen gewähren ohnehin nicht nur Kindern und Senior(inn)en täglich Verbilligungen, sondern viele können sonntags eintrittsfrei besucht werden! Auch bleiben die meisten Museen wie fast überall in der Welt montags geschlossen. Auch für Inhaber der Lisbon Card. Bleibt als einziges Plus die kostenlosen Bus- und Metrofahrten. Deshalb der MARCO POLO-TIP: erst rechnen, ob es sich für Sie lohnt! Als Schluß die MARCO POLO-Bitte: Lassen Sie sich durch dieses Amtschimmelgewiehere die Zeit am Tejo nicht vergällen. Machen Sie es wie die Lisboetas: Vergessen Sie solche bürokratischen Wucherungen, behalten Sie die Augen offen für die kleinen und großen Schönheiten dieser Stadt. Es lohnt sich!

Mit öffentlichen Verkehrsmitteln schwieriger zu erreichen ist die *Praia Grande* bei *Sintra.* Dieser Strand liegt in einer Felsenbucht, offen zum Atlantik. Dort gibt es garantiert klares Wasser, aber auch zwei Nachteile. Ein starker Sog kann auch geübten Schwimmern gefährlich werden, und zudem gibt es hier viele Surfer, die überzeugt sind, der liebe Gott habe diesen Winkel eigens für sie geschaffen.

### TAXI

Die meisten portugiesischen Taxis sind schwarz mit grünem Dach, neuere beigefarben. Man kann sie telefonisch bestellen oder zu einem Taxistand gehen. Beides nützt in der Rush-hour nicht viel.

Am wirkungsvollsten soll noch immer die altmodische Methode sein: mit einem Geldschein winken.

**Taxi-Rufe**
**Autocoope:** *Tel. 793 27 56*
**Auto Táxis Borges da costa, LDA.:** *Tel. 813 45 45*
**Tele-Taxi:** *Tel. 815 20 76 und 815 80 70*
**Radio Taxis de Lisboa:** *Tel. 815 50 61*

## TRINKGELD

Ein *gorjeta* wird für alle persönlichen Dienstleistungen erwartet – auch wenn in der Rechnung *serviço* bereits ausgewiesen ist. Er sollte im Restaurant 5 bis 10 Prozent des Rechnungsbetrages ausmachen. Auch Platzanweiserinnen und Friseusen erwarten eines. Wenn in einer Kirche der Küster für Sie etwas aufschließt, ist eine kleine Spende zugunsten der Kirche angebracht.

## ZOLL

Innerhalb der Europäischen Union darf der Tourist alle Waren für seinen persönlichen Verbrauch frei ein- und ausführen. Daß der Begriff »persönlicher Verbrauch« natürlich auch zu gewissen »Obergrenzen« führt, leuchtet bestimmt jedem ein. Für Schweizer und bei Duty-free-Artikeln: 1 Liter Spirituosen, 2 Liter Wein, 200 Zigaretten sind frei.

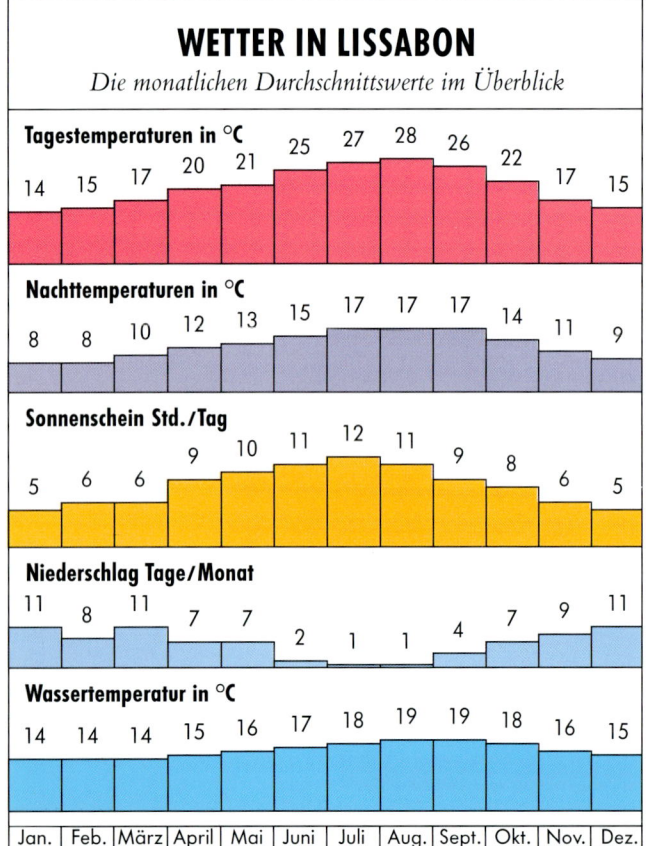

# WETTER IN LISSABON
*Die monatlichen Durchschnittswerte im Überblick*

**Tagestemperaturen in °C**

| Jan. | Feb. | März | April | Mai | Juni | Juli | Aug. | Sept. | Okt. | Nov. | Dez. |
|------|------|------|-------|-----|------|------|------|-------|------|------|------|
| 14 | 15 | 17 | 20 | 21 | 25 | 27 | 28 | 26 | 22 | 17 | 15 |

**Nachttemperaturen in °C**

| Jan. | Feb. | März | April | Mai | Juni | Juli | Aug. | Sept. | Okt. | Nov. | Dez. |
|------|------|------|-------|-----|------|------|------|-------|------|------|------|
| 8 | 8 | 10 | 12 | 13 | 15 | 17 | 17 | 17 | 14 | 11 | 9 |

**Sonnenschein Std./Tag**

| Jan. | Feb. | März | April | Mai | Juni | Juli | Aug. | Sept. | Okt. | Nov. | Dez. |
|------|------|------|-------|-----|------|------|------|-------|------|------|------|
| 5 | 6 | 6 | 9 | 10 | 11 | 12 | 11 | 9 | 8 | 6 | 5 |

**Niederschlag Tage/Monat**

| Jan. | Feb. | März | April | Mai | Juni | Juli | Aug. | Sept. | Okt. | Nov. | Dez. |
|------|------|------|-------|-----|------|------|------|-------|------|------|------|
| 11 | 8 | 11 | 7 | 7 | 2 | 1 | 1 | 4 | 7 | 9 | 11 |

**Wassertemperatur in °C**

| Jan. | Feb. | März | April | Mai | Juni | Juli | Aug. | Sept. | Okt. | Nov. | Dez. |
|------|------|------|-------|-----|------|------|------|-------|------|------|------|
| 14 | 14 | 14 | 15 | 16 | 17 | 18 | 19 | 19 | 18 | 16 | 15 |

# Bloß nicht!

*Lissabon bei Nacht: entweder auf eigene Faust oder gar nicht —*
*Tips, die Sie beherzigen sollten*

### Ansichtskarten schicken

Ein ungewöhnlicher Rat, gilt auch nur, wenn der/die Empfänger(in) Briefmarken sammelt. Viele Postämter frankieren Karten und Briefe mit Maschinen ohne Marken. Verlangen Sie also ausdrücklich *selos* = Marken. Die portugiesische Post hat nämlich außerordentlich schöne Motive. Fragen Sie nach Sondermarken *(selos especiais)*.

### Unbesehen Fisch bestellen

Nicht nur in guten, auch in einfachen Restaurant wählt man aus der Auslage den Fisch, den man für sich zubereitet haben möchte. Doch fragen Sie auch nach dem Kilopreis, und schauen Sie auf die Waage. Nicht selten kommt sonst mit der Rechnung die Ernüchterung.

Vermeiden Sie es bei touristischen Massenspeisungen, gegrillte Sardinen zu bestellen und ungeprüft zu essen! Es ist besser, sich vorher zu überzeugen, daß die Sardinen wirklich frisch vom Grill kommen und es sich nicht um lange vorher gegrillte Sardinen handelt, die nur noch einmal schnell aufgewärmt worden sind. Ein beliebter Trick der Grillbuden in der Hochsaison. Nicht nur in Lissabon, nicht nur in Portugal. Auch bei *frangos*

(Hühnchen) wird manchmal so verfahren.

### Geld aufheben

Heben Sie keine Escudos für den nächsten Portugal-Urlaub auf! Erstens liegt die Inflationsrate noch immer bei 7 Prozent, und zweitens zieht die Bank von Portugal relativ häufig Münzen und Banknoten aus dem Verkehr und ersetzt sie durch neue.

### Leitungswasser trinken

Jedenfalls nicht ständig. Es ist stark gechlort. Dadurch wird es zwar trinkbar, aber es schmeckt scheußlich. Kein Problem — Portugal hat hervorragende Tafel- und Mineralwässer, die es überall (auch an Tankstellen) für wenig Geld zu kaufen gibt.

### Leitungen reparieren

Lissabon hat 220 Volt Wechselstromspannung so wie Deutschland. Doch in alten Pensionen sind die Leitungen alt und manchmal auch reparaturbedürftig. Keinesfalls auf eigene Faust mit dem Schraubenzieher aktiv werden! Im günstigsten Fall legen Sie die Stromversorgung des ganzen Stadtviertels lahm, im ungünstigsten Fall … aber daran wollen wir lieber nicht denken!

## Lissabon bei Nacht

Kann sicher ganz interessant sein, aber bestimmt nicht in Gruppen. Bei solchen touristischen Busfahrten wird der einfachste Nenner angepeilt. Folklore, die keine ist, billiger Wein, liebloses Essen und unverständlicher Gesang, der angeblich Fado sein soll.

## Musikwünsche

Die unverwüstlichen Ziehharmonikaspieler und die kleinen Kapellen erfüllen gern Musikwünsche, weil sie dann mit einem Trinkgeld rechnen. Bestellen Sie aber bitte nicht *Grândola Vila Morena*. Das ist zwar ein hübsches Lied aus der Gegend um *Grândola* von José Afonso komponiert, aber es war auch — als es am 25. April 1974 im Radio gespielt wurde — das Signal für die Nelkenrevolution.

## Portwein trinken

Das gehört zu einem Lissabon-Besuch, aber loben Sie einem Lissabonner gegenüber nicht zu sehr *Porto*. Zwischen diesen beiden Städten existiert sei Jahrzehnte eine Haßliebe. Und die Lisboetas leiden schon genug darunter, daß die *tripeiros* (»Kuttelesser«, Spitzname für die Einwohner Portos) nur zu gern ihre Überlegenheit auf allen Gebieten betonen.

## Pünktlichkeit

Das ist eine *deutsche* Tugend. In Lissabon, wie überhaupt in Portugal, gilt es als unhöflich, wenn man zu einer Einladung nicht wenigstens eine Viertelstunde später kommt. Wer's trotzdem nicht tut, trifft wahrscheinlich die Dame des Hauses mit Lokkenwicklern und Bademantel an. (Gilt nicht bei Abflug- und Abfahrtzeiten!)

## Versuchungen vermeiden

Wer im Gedränge der Rushhour oder bei Massenveranstaltungen seinen Fotoapparat, seinen Schmuck oder Handtaschen zu deutlich zur Schau stellt, braucht sich nicht zu wundern, wenn er ein Opfer von Taschendieben wird. Lissabon ist eine Großstadt, für die das gleiche wie für alle anderen Großstädte gilt: Touristen sind willkommene Objekte für Taschendiebe.

### Bloß nicht nein sagen . . .

. . . wenn Sie an der Algarve Urlaub machen und sich die Möglichkeit für eine Busfahrt nach Lissabon bietet. Der Bus ist bequemer und preiswerter als Mietauto oder Flug. 4800 Esc für Hin- und Rückfahrt (ca. 48 Mark). Die Busse sind sauber und modern. Fahrzeit 3 1/2 Stunden plus ein 20-Minuten-Stopp auf halber Strecke. Man sieht dabei das Land, fährt über die Brücke des 25. April und hat einen Panoramablick über den Hafen. Eine Übernachtung sollte man einplanen, schon wegen des »Tejo-Blues«, des Fados. Auch das Hotel kann man mit der Fahrkarte buchen.

Und noch ein letztes »Bloß nicht«: Bloß nicht zu spät kommen, die Busse fahren pünktlich!

*In diesem Register finden Sie alle Sehenswürdigkeiten, Museen und Restaurants. Halbfette Seitenzahlen verweisen auf den Haupteintrag, kursive auf ein Foto.*

# Was bekomme ich für mein Geld?

 Vorweg: Geld tauschen sollte man weder in Deutschland noch in Hotels. An beiden Plätzen gibt es wesentlich weniger für die Mark, den Schweizer Franken oder den österreichischen Schilling als bei portugiesischen Banken.

Die portugiesische Währungseinheit ist der *Escudo*; Faustregel: 1 DM = 100 Esc. *Der Escudo* ist in 100 *Centavos* unterteilt. Es gibt Münzen zu 2.5, 5, 10, 20, 50, 100, 200 und 1000 Escudos. Abgekürzt wird die Währung durch ein Dollarzeichen. Dieses $ steht immer zwischen *Escudos und Centavos*, also an der Stelle des Kommas. Wenn Sie in Lissabon bei privaten, lizenzierten Wechselstuben *(Câmbio)* tauschen, achten Sie darauf, daß deren Kurs und Gebühren nicht höher sind als bei Banken.

Eine *bica* (kleiner Kaffee) kostet ca. 80 Esc, ein *galão* (Milchkaffee) ca. 100 Esc. Ein *sumo de laranja* (Orangensaft) ca. 200 Esc.

Wer einen Abend in einem Touristen-Fadolokal verbringen möchte, sollte von vornherein mit mindestens 8000 Esc Eintritt pro Person rechnen. Theater, Oper und Ballett (ab 7000 Esc).

Stierkampfkarten erhält man schon ab 4000 Esc, nicht die billigste Kategorie wählen.

| DM | Esc | Esc | DM |
|---|---|---|---|
| 1 | 97,10 | 100 | 1,03 |
| 2 | 194,20 | 250 | 2,58 |
| 3 | 291,30 | 500 | 5,15 |
| 4 | 388,40 | 750 | 7,73 |
| 5 | 485,50 | 1.000 | 10,30 |
| 10 | 971,-- | 1.500 | 15,45 |
| 20 | 1.942,-- | 2.000 | 20,60 |
| 30 | 2.913,-- | 3.000 | 30,90 |
| 40 | 3.884,-- | 4.000 | 41,20 |
| 50 | 4.855,-- | 5.000 | 51,50 |
| 60 | 5.826,-- | 6.000 | 61,80 |
| 70 | 6.797,-- | 7.500 | 77,25 |
| 80 | 7.768,-- | 10.000 | 103,-- |
| 90 | 8.739,-- | 12.500 | 128,75 |
| 100 | 9.710,-- | 15.000 | 154,50 |
| 200 | 19.420,-- | 25.000 | 257,50 |
| 300 | 29.130,-- | 40.000 | 412,-- |
| 500 | 48.550,-- | 50.000 | 515,-- |
| 750 | 72.825,-- | 75.000 | 772,50 |
| 1.000 | 97.100,-- | 100.000 | 1.030,-- |

Bei Scheckzahlung/Automatenabhebung am Urlaubsort berechnet die Heimatbank die obenstehenden Kurse. Stand: September 1996

# Sprechen und Verstehen ganz einfach

Zur Erleichterung der Aussprache sind alle portugiesischen Wörter mit einer einfachen Aussprache (in eckigen Klammern) versehen. ' vor einer Silbe bedeutet, daß die nachfolgende Silbe betont wird.

## AUF EINEN BLICK

| | |
|---|---|
| Ja./Nein. | Sim. [sing] / Não. [nau] |
| Vielleicht. | Talvez. [tal'wesch] |
| Bitte. | Se faz favor. [s fasch fa'wor] |
| Danke. | Obrigado./Obrigada. [obri'gadu/obri'gada] |
| Bitte sehr./Gern geschehen. | De nada./Não tem de quê. [d 'nada/nau täi dö ke] |
| Entschuldigung! | Desculpe!/Desculpa! [dösch'kulp/dösch'kulpa] |
| Wie bitte? | Como? ['komu] |
| Ich verstehe Sie nicht. | Não compreendo. [nau kom'prjendu] |
| Ich spreche nur wenig … | Falo só um pouco de … ['falu so ung 'poku dö] |
| Können Sie mir bitte helfen? | Pode ajudar-me, se faz favor? ['podd_aschu'darm s fasch fa'wor] |
| Ich möchte … | Queria … [kö'ria] |
| Das gefällt mir (nicht). | (Não) Gosto disto. [('nau) 'goschtu 'dischtu] |
| Haben Sie …? | Tem …? [täi] |
| Wieviel kostet es? | Quanto custa? ['kuantu 'kuschta] |
| Wieviel Uhr ist es? | Que horas são? ['kjorrasch sau] |

## KENNENLERNEN

| | |
|---|---|
| Guten Morgen!/Tag! | Bom dia!/Boa tarde! [bong 'dia/'boa 'tard] |
| Guten Abend! | Boa tarde!/Boa noite! ['boa 'tard/'boa 'noit] |
| Hallo!/Grüß dich! | Olá! [ol'la] |
| Wie geht es Ihnen? | Como está? ['komu schta] |
| Wie geht's? | Como é que vais/estás? ['komu ä k waisch/stasch] |
| Danke. Und Ihnen/dir? | Bem, obrigado/obrigada. E o senhor/a senhora/você/tu? [bäi obri'gadu/obri'gada. i u sö'njor/a sö'njora/wos'se/tu] |
| Auf Wiedersehen! | Adeus! [a'de-usch] |

### Auskunft

| | |
|---|---|
| links | à esquerda [a ˈschkerda] |
| rechts | à direita [a diˈräita] |
| geradeaus | em frente [äi ˈfrent] |
| nah / weit | perto [ˈpärtu] / longe [ˈlongsch] |
| Bitte, wo ist ...? | Se faz favor, onde é ...? |
| | [s fasch faˈwor ˈond_ä] |
| Wie weit ist das? | Quantos quilómetros são? |
| | [ˈkuantusch kiˈlommötrusch sau] |

### Panne

| | |
|---|---|
| Ich habe eine Panne. | Tenho uma avaria. [ˈtenj_um_awaˈria] |
| Würden Sie mich bis zur nächsten Werkstatt abschleppen? | Pode rebocar-me até à oficina mais próxima? [ˈpodd röbuˈkarm_aˈtä a ofiˈsina maisch ˈprossima] |
| Wo ist hier in der Nähe eine Werkstatt? | Há alguma oficina aqui perto? [a alˈgum_ofiˈsin_aˈki ˈpärtu] |

### Tankstelle

| | |
|---|---|
| Wo ist bitte die nächste Tankstelle? | Se faz favor, onde é a estação de serviço mais próxima? [s fasch faˈwor ˈond_ä a schtaˈsau dö sörˈwisu maisch ˈprossima] |
| Ich möchte ... Liter ... | Se faz favor, ... litros de ... [s fasch faˈwor, ... ˈlitrusch dö ...] |
| ... Normalbenzin. | ... gasolina normal. [gasuˈlina norrˈmal] |
| ... Super. | ... súper. [ˈsupär] |
| ... Diesel. | ... gasóleo. [gaˈsollju] |
| ... bleifrei/verbleit. | ... sem chumbo/com chumbo. [säi ˈschumbu/kong ˈschumbu] |
| ... mit ... Oktan. | ... com ... octanas. [kong ... ockˈtanasch] |
| Volltanken, bitte. | Cheio, se faz favor. [ˈscheju s fasch faˈwor] |

### Unfall

| | |
|---|---|
| Hilfe! | Socorro! [suˈkoru] |
| Achtung!/Vorsicht! | Atenção [atenˈsau] |
| Rufen Sie schnell ... | Chame depressa ... [ˈscham döˈpräsa] |
| ... einen Krankenwagen. | ... uma ambulância. [um_ambuˈlangsja] |
| ... die Polizei. | ... a polícia. [a puˈlisja] |
| ... die Feuerwehr. | ... os bombeiros. [usch bomˈbäirusch] |
| Es war meine/Ihre Schuld. | A culpa foi minha/sua. [a ˈkulpa foi ˈminja/ˈsua] |
| Geben Sie mir bitte Ihren Namen und Ihre Anschrift. | Pode dizer-me o seu nome e o seu endereço, se faz favor? [podd diˈserm_u se-u ˈnom_i u se-u endöˈresu s fasch faˈwor] |

# SPRACHFÜHRER PORTUGIESISCH

## ESSEN

Wo gibt es hier bitte ... | Pode dizer-me, se faz favor, onde há aqui ... ['podd di'sermö s fasch fa'wor ond_a a'ki ...]

... ein gutes Restaurant? | ... um bom restaurante? [ung bong röschtau'rant]

... ein nicht zu teures Restaurant? | ... um restaurante não muito caro? [ung röschtau'rant nau 'muitu 'karu]

Gibt es hier eine gemütliche Kneipe? | Há aqui un bar/um café com um ambiente agradável? [a a'ki 'ung 'bar/'ung 'kafä kong ung am'bjent_agra'dawäl]

Reservieren Sie uns bitte für heute abend einen Tisch für 4 Personen. | Pode reservar-nos para hoje à noite uma mesa para quatro pessoas, se faz favor? ['podd rösör'warnusch 'para 'osch_a 'noit 'uma 'mesa 'para 'kuatru pö'soasch s fasch fa'wor]

Auf Ihr Wohl! | À sua saúde! [a 'sua sa'ud]

Bezahlen, bitte. | A conta, se faz favor. [a 'konta s fasch fa'wor]

Hat es geschmeckt? | Estava bom? ['schtawa bong]

Das Essen war ausgezeichnet. | A comida estava excelente. [a ku'mida 'schtawa schsö'lent]

## ÜBERNACHTUNG

Können Sie mir bitte ... empfehlen? | Se faz favor, pode recomendar-me ... [s fasch fa'wor 'podd rökumen'darmö]

... ein gutes Hotel | ... um bom hotel? [ung bong ot'täl]

... eine Pension | ... uma pensão? ['uma pen'sau]

Haben Sie noch Zimmer frei? | Ainda tem quartos livres? [a'inda täi 'kuartusch 'liwrösch]

ein Einzelzimmer | um quarto individual [ung 'kuartu indiwi'dual]

ein Zweibettzimmer | um quarto de casal [ung 'kuartu dö ka'sal]

mit Bad | com casa de banho [kong 'kasa dö 'banju]

... für eine Nacht. | ... para uma noite. ['para 'uma 'noit]

... für eine Woche. | ... para uma semana. ['para uma sö'mana]

### Arzt

Können Sie mir einen guten Arzt empfehlen?

Pode indicar-me um bom médico?
[ˈpodd͜ indiˈkarm͜ung bong ˈmädiku]

Ich habe hier Schmerzen.

Dói-me aqui. [ˈdoim͜aˈki]

### Bank

Wo ist hier bitte ...
  ... eine Bank?
  ... eine Wechselstube?

Onde há aqui ... [ˈond͜a aˈki]
  ... um banco? [u ˈbanku]
  ... uma casa de câmbio?
  [ˈuma ˈkasa dö ˈkambju]

Ich möchte ... DM (Schilling, Schweizer Franken) in Escudos wechseln.

Queria trocar ... marcos (xelins, francos suíços) por escudos.
[köˈria truˈkar ... ˈmarkusch (schöˈlingsch, ˈfrankusch ˈsuisusch) pur ˈschkudusch]

### Post

Was kostet ...
  ... ein Brief ...
  ... eine Postkarte ...
  ... nach Deutschland?

Quanto custa ... [ˈkuantu ˈkuschta]
  ... uma carta ... [ˈuma ˈkarta]
  ... um postal ... [um puschˈtal]
  ... para a Alemanha? [ˈpara͜alöˈmanja]

## Zahlen

| | | | | |
|---|---|---|---|---|
| 0 | zero [ˈsäru] | | 20 | vinte [ˈwint] |
| 1 | um, uma [ung, uma] | | 21 | vinte e um [ˈwint͜i͜ung] |
| 2 | dois, duas [doisch, duasch] | | 22 | vinte e dois [ˈwint͜i͜doisch] |
| 3 | três [tresch] | | 30 | trinta [ˈtrinta] |
| 4 | quatro [ˈkuatru] | | 40 | quarenta [kuaˈrenta] |
| 5 | cinco [ˈsinku] | | 50 | cinquenta [sinˈkuenta] |
| 6 | seis [säisch] | | 60 | sessenta [söˈsenta] |
| 7 | sete [ˈsät] | | 70 | setenta [söˈtenta] |
| 8 | oito [ˈoitu] | | 80 | oitenta [oiˈtenta] |
| 9 | nove [ˈnoww] | | 90 | noventa [nuˈwenta] |
| 10 | dez [däsch] | | 100 | cem [säi] |
| 11 | onze [ˈons] | | 101 | cento e um [ˈsentui ung] |
| 12 | doze [ˈdos] | | 200 | duzentos [duˈsentusch] |
| 13 | treze [ˈtres] | | 1000 | mil [mil] |
| 14 | catorze [kaˈtors] | | 2000 | dois mil [doisch mil] |
| 15 | quinze [ˈkings] | | 10 000 | dez mil [däsch mil] |
| 16 | dezasseis [dösaˈsäisch] | | | |
| 17 | dezassete [dösaˈsät] | | 1/2 | um meio [ung ˈmeju] |
| 18 | dezoito [döˈsoitu] | | 1/3 | um terço [ung ˈtersu] |
| 19 | dezanove [dösaˈnoww] | | 1/4 | um quarto [ung ˈkuartu] |